Toledo

Dirección editorial: Raquel López Varela

Coordinación editorial: Eva María Fernández

Textos: José Domingo Delgado Bedmar

Fotografías: Joseph Martín
Páginas 33, 34a, 72a, 72b, 80b, 82c, 85b, 86b, 87a, 87b, 87c, 100a, 100b, 100c, 102b, 107-8, 136-7, 143a, 148b, 148c, 160, 171a, 171b, 171c, 172a, 172b, 173a, 173b: Archivo Everest
Página 180b: Prisma Archivo Gráfico

Diseño de maqueta: Luis Alonso Vega

Diseño de cubierta: Luis Alonso Vega y Francisco A. Morais

Diagramación: Gerardo Rodera

© EDITORIAL EVEREST, S. A.
Carretera León-La Coruña, km 5 - LEÓN
ISBN: 84-241-0002-6
Depósito legal: LE. 1.298-2002
Printed in Spain - Impreso en España

EDITORIAL EVERGRÁFICAS, S. L.
Carretera León-La Coruña, km 5
LEÓN (España)

Toledo

MONUMENTAL
MYT
TURÍSTICA

Fotografías de Joseph Martín
Textos de José Domingo Delgado Bedmar

EVEREST

TOLEDO

PRÓLOGO

Pocas ciudades españolas han generado tanta literatura como Toledo. Miles de páginas que se han afanado en intentar explicar ese algo misterioso e inaprensible que la ciudad genera y que, en todo tiempo, ha fascinado y cautivado al viajero. Pero cuanto más se escribe y se dice sobre Toledo, sobre su arte o sobre su historia, más nos damos cuenta de la existencia de mil y un matices, mil y una sugerencias, mil y un detalles que se resisten a ser transmitidos por la palabra, hace tiempo huyendo de lo típico y de lo tópico, empeñada en buscar ayuda en el inmenso poder de la imagen para universalizar los múltiples paisajes que conforman sus monumentos, sus calles y sus gentes. Alma de Toledo, vida de Toledo, palabra e imagen mucho más allá de la sola ciudad museo, y que el lector encontrará en las páginas que siguen.

PROLOGUE

Few Spanish cities have given rise to as much literature as Toledo. Thousands of pages that have attempted to explain that mysterious and inapprehensible something the city provokes and which, throughout time, has fascinated and engaged the traveller. However, the more we write about Toledo, its art or its history, the more we become aware of the existence of a thousand and one subtleties, a thousand and one suggestions, a thousand and one details that are difficult to put down in words, and which have long since strayed from the typical and the topical to focus on drawing support from the immense power of vision to universalise the numerous landscapes that are formed by its monuments, its streets and its people. The soul of Toledo, the life of Toledo, word and image that reach beyond the mere museum city, and which the reader may discover in the following pages.

ANTE LA VEGA Y EL MONTE, ENTRE LAS AGUAS Y LAS PIEDRAS

Facing Meadows and Mountain Ranges, among Water and Stones

Ante la Vega y el Monte, entre las Aguas y las Piedras

Es difícil –aunque posible y, en algún caso, hasta divertido– imaginar cómo hubiera sido Toledo si nunca hubiese existido alguno de sus símbolos más conocidos y reconocidos: la Catedral, el Alcázar, la calle Comercio, la plaza de Zocodover, los conventos, el arte mudéjar, las sinagogas, los cuadros de El Greco o el mismísimo mazapán.

Pero este ejercicio no sería realizable con el Tajo, sencillamente porque, sin él, es más que probable que Toledo nunca hubiera llegado a ser Toledo. Muchos miles de años antes de que a alguien, en algún lugar, se le ocurriera denominarlas así, las aguas de un río seguramente menos refrenado de lo que ahora está, trazaron de improviso una curva hacia el sur en su discurrir por un amplio valle y comenzaron a tallar en las duras rocas graníticas de una meseta un espectacular meandro que, a partir de entonces, abrazó amorosamente a un enorme peñasco, convirtiéndolo en un elemento aislado y unido a sus entornos inmediatos.

Aislado y unido: el interés que demostró el hombre prehistórico por este escarpado lugar, tan bien comunicado con otras zonas y, al tiempo, tan relativamente fácil de proteger de posibles peligros, determinó el inicio de su población. Al norte quedaba una vega fertilísima, fecundada por los milenarios sedimentos aportados por el río, y que constituiría una zona más que suficiente para cubrir las primeras necesidades de alimentos; mientras que al este, al sur y al oeste, el río marcaba la línea de separación con una serie de agrestes colinas, defensoras naturales y primeras estribaciones de los luego llamados «Montes de Toledo», aunque aquí serán conocidas, curiosamente, como «el Valle».

En ese lugar por tantas razones singular, ante esa vega y ese valle que en verdad es monte, tras el fin del primer núcleo celtibérico, serán los romanos los que acometan realmente un primer poblamiento organizado, planificando y trazando las calles, trayendo el agua potable por medio de un acueducto, evacuando las no deseadas por medio de cloacas y levantando sus templos, algunos edificios únicos en la edilicia de Hispania, como el asombroso *Circo* (para carreras de carros), o lujosas villas de recreo en las orillas del río para los pobladores más pudientes.

Todas estas comodidades y su estratégica situación se transforman en razones que explican por qué los visigodos convirtieron finalmente a *Toletum* en capital de su reino. Durante tres siglos, hasta la conquista musulmana, la ciudad será centro de primer orden en lo político y lo económico, pero también en lo religioso: en ella se celebrarán hasta diecisiete Concilios, que marcarán el ascenso de la influencia de una pujante Iglesia católica, que hasta nuestros días ha seguido siendo un referente insoslayable.

Sobre el río se levantarán dos puentes, Alcántara y San Martín, orgullo de ingenieros y asombro de foráneos, enlaces entre orillas antes lejanas que acercan a los viajeros a la meta de unas murallas musulmanas, visigodas y en algún lugar hasta romanas, defensoras de enemigos que pocas veces existieron y abiertas al mundo por unas monumentales puertas cargadas de arte y de historia, pero más que nada de los pagos cotidianos de quienes querían vender sus mercancías muros adentro.

Entre esas aguas siempre en continuo devenir de un cauce al que, orgullosa, parece querer dar la espalda, se yergue Toledo, la majestuosa, levantada sobre piedras marmóreas, graníticas, areniscas y cuarcitas, pero también sobre ladrillos, esos humildes, omnipresentes e insustituibles ladrillos, particular ofrenda a la ciudad de las arcillas de las terrazas del Tajo.

Entre las aguas y las piedras (y los ladrillos), treinta siglos después, Toledo vive.

Facing Meadows and Mountain Ranges, among Water and Stones

It is difficult, albeit possible and in some cases, even fun, to imagine Toledo without some of its most famous and well-known symbols: the Cathedral, the Alcazar, the Calle Comercio, the Plaza de Zocodover, the convents, its Mudejar art, the synagogues, the paintings of El Greco or indeed, marzipan itself.

However, this exercise could not be done with the presence of the River Tajo, simply because without it, Toledo would probably never have become Toledo. Many thousands of years before anyone anywhere decided to give them this name, the waters of a river that was most probably less restrained than it is nowadays, traced out a curve towards the south as it flowed through a broad valley and began to cut a spectacularly meandering course in the hard granite rocks of a plateau. From that moment, the river circled a huge crag and turned it into an element that was both isolated from and connected to its immediate surroundings.

Both isolated and connected: the interest of prehistoric man in this craggy area, which was so well communicated with other places and at the same time so relatively easy to protect from possible perils, determined the beginnings of its population. To the north, there was a very fertile plain, made so by the age-old river sediments, which was to be an area that would more than cover the first needs for food; to the east, south and west, the river marked the separation from a series of wild hills, which constituted a natural defence and were the first foothills of what were later to be called the "Montes de Toledo", although locally, they would be known by the paradoxical name of "the Valley".

After the first Celtiberian settlement in this unique place between the plain and the valley which is in fact a mountain range, it was to be the Romans who created the first organised town, planning and building the streets, bringing fresh water via an aqueduct and draining their waste water via the sewers. They also raised their temples, together with other buildings that were unique in the ensemble of constructions of Hispania, such as the amazing Circus (for chariot racing), or luxury villas of leisure on the banks of the river for the richer members of the town.

All these commodities and its strategic location explain why the Visigoths finally made Toletum the capital of their kingdom. For three centuries, until the Moorish conquest, the town was to be a top-ranking political, economic and also religious centre; seventeen Councils were held here, which were to mark the rising influence of a growing Catholic Church which has continued to be an unavoidable point of reference up to present day.

Two bridges were built over the river: the Alcántara and the San Martín. They were the pride of engineers and inspired the admiration of others; they brought together riverbanks that were previously far apart and carried travellers to their destination within town walls that were Moorish, Visigothic and, in some places, even Roman. These walls served as a defence from enemies that rarely existed and opened up the town to the world through monumental gates laden with history, art and above all with the everyday payments of those who wished to sell their wares within the walls.

From among the continuously flowing water of a river on which it appears to proudly turn its back, stands the majestic town of Toledo, built with marble, granite, sandstone and quartzite rock as well as the humble and ever-present bricks which were given to the town by the clay of the terraces of the River Tajo.

Thirty centuries on, among the water and stone (and bricks), Toledo beats with life.

Ante la Vega y el Monte / Facing Meadows and Mountain Ranges

El Tajo a su paso por Toledo. En la página de al lado, vista del Alcázar desde la noria
de Safont (arriba izquierda); un pescador (arriba derecha) y el río junto a la Fábrica de Armas (abajo).
En esta página, vista de la Casa del Diamantista.
Doble página siguiente, vista general de Toledo desde la zona de la Virgen del Valle.

*The Tajo on its way through Toledo. Opposite page, view of the Alcazar
from the Safont waterwheel (top left); a fisherman (top right)
and the river next to the Arms Factory (bottom).
This page, view of the House of El Diamantista.
Following double page, general view of Toledo from the Virgen del Valle area.*

Arriba y al lado: Cerro del Bu, excavaciones
y vista general. II milenio a. de C.

Cerro del Bu, site and general view.
2nd millennium B.C.

Restos de la alcantarilla romana junto
a la puerta de Valmardón. Siglo III.

*Remains of the Roman sewers next
to the Valmardón gate. 3rd century A.D.*

Top left, Mudejar tombs in the Roman Circus and, above these lines, the remains of the seating of the Roman Circus. Bottom left, beginning of an arch of the aqueduct.

Extremo superior izquierdo: tumbas mudéjares en el Circo Romano.
Sobre estas líneas, restos del graderío del Circo Romano.
Extremo inferior izquierdo: arranque de un arco del acueducto.

Marfil de Hipólito, procedente
del Circo Romano. Museo de Santa Cruz.

Hippolytus ivory, from the Roman Circus.
Santa Cruz Museum.

Mosaico romano con escenas portuarias,
procedente de la Villa de la Fábrica
de Armas. Museo de Santa Cruz.

Roman mosaic with harbour scenes,
from the Arms Factory Villa.
Santa Cruz Museum.

Pilastra visigoda de El Salvador, decorada con escenas del Nuevo Testamento. Principios del siglo VII.

Visigoth pilaster, decorated with scenes from the New Testament. Early 7th century.

En la página siguiente: arriba izquierda, torre de El Salvador; arriba derecha, hornacina en la torre de Santo Tomé; abajo izquierda, relieve en el callejón de San Ginés; abajo derecha, pilastra de la iglesia de las Santas Justa y Rufina.

Top left, El Salvador tower; top right, niche in the tower of Santo Tomé; bottom left, relief in the Callejón de San Ginés; bottom right, pilaster in the church of Las Santas Justa y Rufina.

Ante la Vega y el Monte / *Facing Meadows and Mountain Ranges*

En esta página y la anterior, diferentes aspectos del Puente de Alcántara.

This and previous page, different views of the Alcántara bridge.

Puente de San Martín. Vista lateral con San Juan de los Reyes al fondo (derecha) y vista desde el Baño de la Cava (abajo).

San Martín bridge. Side view with San Juan de los Reyes in the background (right) and a view of Baño de la Cava (bottom).

Arriba, Puente de San Martín: Escudo sobre el arco
de acceso y vista desde un torreón.
Al lado, piedras ciclópeas de la muralla en la zona
del Puente de Alcántara.

Top, San Martín bridge: coat of arms
on the entrance archway and view from a turret.
To the side, enormous stones from the walls
in the Alcántara bridge area.

Baño de la Cava: torreones
y murallas al borde del Tajo.

*Baño de la Cava: turrets
and walls next to the Tajo.*

La muralla de Toledo en las proximidades
de la Puerta de Bisagra.

*The walls of Toledo
near the Bisagra Gate.*

Vista nocturna de la Puerta de Bisagra.

Night view of the Bisagra Gate.

Diferentes aspectos de la Puerta de Bisagra.

Different views of the Bisagra Gate.

Arriba, azulejos en la Puerta de Bisagra. Abajo, la Puerta de Alfonso VI en su entorno.

Top, tiling on the Bisagra Gate. Bottom, the Alfonso VI Gate and its surroundings.

Arriba, dos vistas de la Puerta de Alfonso VI.
A la izquierda y en la página de al lado, la Puerta del Sol.

Top, two views of the Alfonso VI gate.
Left and opposite page, the Puerta del Sol.

Ante la Vega y el Monte / Facing Meadows and Mountain Ranges

Ante la Vega y el Monte / Facing Meadows and Mountain Ranges

A la izquierda,
el Arco de la Sangre.

Left, the Arco de la Sangre.

Abajo izquierda: Puerta de Valmardón.
Abajo derecha: Puerta de Alarcones.

Bottom left, Valmardón Gate.
Bottom right, Alarcones Gate.

Puerta del Cambrón: vista general
y escudo entre las dos torres.

*Cambrón Gate: general view
and coat of arms between the two towers.*

EL ARTE
Y LA HISTORIA

The Art and the History

El Arte
y la Historia

ARQUITECTURAS DEL PODER

En la rígida sociedad estamental del Antiguo Régimen, los grupos sociales predominantes necesitaban reafirmar su situación, que los demás supieran que tenían y que ejercían el poder, y de entre las diferentes artes, ninguna mejor que la arquitectura podía ofrecerles los lenguajes simbólicos y de representación adecuados. Lo grande, lo lujoso, lo exótico, lo moderno, serán conceptos que se emplearán para configurar edificios que utilizar y al mismo tiempo enseñar, en un ejercicio de ostentación emblemática que no es en absoluto ajeno al lugar que se ocupa en esa sociedad.

Sobre todos ellos debía destacar el palacio del rey. En el Alcázar habrá de plasmarse la imagen áulica del poder, y serán los más importantes arquitectos del momento los encargados de superar los esquemas de la antigua fortaleza medieval, para convertirla en un palacio renacentista de planta rectangular, cuatro grandes torres en las esquinas, imponente escalera imperial y patio central con galerías sobre arcadas. Alonso de Covarrubias, Francisco de Villalpando y Juan de Herrera, artífice este último de El Escorial, se sucederán en la aportación de modelos para una obra que, comenzada poco antes de mediados del siglo XVI por Carlos V, y continuada por su hijo Felipe II, apenas si llegará a desempeñar su función de residencia regia. Su abandono, su conversión en cárcel, cuartel y Casa de Caridad, y los sucesivos incendios y destrucciones darán paso, desde mediados del siglo XIX, a una restauración para un nuevo uso: Academia de Infantería. Al Alcázar se le asocia desde entonces con la imagen de otro poder, el militar, que «sacralizará» su recinto durante el medio siglo que sigue a los tristes episodios allí vividos durante la Guerra Civil de 1936. Por último, desde el 16 de octubre de 1998, el Alcázar ha sido «conquistado» por un nuevo poder, éste universal, democrático, tolerante e integrador: el de la cultura, representado por la Biblioteca de Castilla-La Mancha y, dentro ya de muy poco, por el Museo del Ejército.

También el municipal era un poder necesitado de un edificio que fuese exponente de su importancia dentro de la vida de la ciudad. Tras la ordenación por Covarrubias de una nueva plaza ante la Catedral y el Palacio Arzobispal, el Consistorio se dirigió a Juan de Herrera para que diera las trazas de un nuevo edificio, y ningún modelo podía ser más adecuado que el que ofrecía la propia Corona. La emulación del prestigio y autoridad que emanan de la realeza es conscientemente buscada en una construcción que, continuada luego por Nicolás de Vergara «el Mozo», Jorge Manuel Theotocópuli y, ya a principios del siglo XVIII, por Teodoro Ardemans, deja traslucir claramente una estética escurialense, que no se detecta en el frontero Palacio Arzobispal, obra también debida al genio de Covarrubias, pero muy modificada en tiempos posteriores. Precisamente la ostentosa presencia de este palacio en la siempre llamada «Plaza del Ayuntamiento» acentúa la enorme importancia en la ciudad del poder eclesiástico, ya de por sí latente en este lugar con la colosal fachada de los pies de la Catedral, que parece querer anular con su mole la del, por comparación, mucho más modesto edificio consistorial.

La nobleza también buscará la emulación del prestigio real en construcciones que den idea de su poder político, económico y social. Palacios lujosos, pero que muy a menudo se impregnan del modo de vivir "puertas adentro" de toda la ciudad, ocupan manzanas enteras, sobre todo de la zona norte, en ejercicios de afirmación social que apenas si llegarán a ser modificados por la traumática marcha de la Corte a Madrid en 1561.

Al tiempo, otros edificios más «privados», pues se utilizan sobre todo en el reducido ámbito familiar, orlan y caracterizan los alrededores de la ciudad: los cigarrales. Edificios y tierras, porque en todos ellos se atisba una vivienda utilizada como segunda residencia y un entorno inmediato de riscos salpicados de olivos, almendros y cipreses, que se unen a las plantas ornamentales y aromáticas, los matorrales, los emparrados y los setos para configurar propiedades muy diversas que coinciden en disputarse con avidez las mejores visiones de la ciudad. Sus remotos precedentes son las *villae* que los romanos pudientes hicieron construir a orillas del *locus amoenus* que eran las vegas del Tajo en aquella época, y las huertas de recreo en que las convirtieron los musulmanes durante los siglos de su dominación. La mayoría de los cigarrales que han llegado hasta nosotros, sin embargo, se levantan desde época renacentista en los cerros al sur y este de la ciudad, en los que nobles y clérigos quisieron disfrutar en espléndido aislamiento del tráfago cotidiano. Desde mediados del siglo XIX, los cigarrales se convertirán en objeto de codicia para la burguesía, los escritores y los intelectuales, que vieron en estas, por lo general, humildes edificaciones y en las poco fértiles tierras que las rodeaban, las mejores atalayas desde las que seguir disfrutando de la eterna belleza de Toledo.

EDIFICIOS PARA UN DIOS

Pocos eslóganes publicitarios han tenido tanta fortuna para caracterizar a Toledo como el que la hace «Ciudad de las Tres Culturas», paradigma de la tolerancia y la armónica convivencia entre las tres grandes religiones monoteístas a partir de su conquista por Alfonso VI en 1085, y, sobre todo, durante el reinado de Alfonso X el Sabio, en la segunda mitad del siglo XIII. Sin embargo, nunca deberían olvidarse las frecuentes alteraciones sangrientas de esta convivencia, y las asimilaciones forzosas, persecuciones y expulsiones que se suceden desde finales del siglo XV hasta principios del XVII, que son factores que deben matizar, cuando no negar expresamente, ese mito histórico de la permisividad para con los que no creían en la religión propia.

Precisamente una de las principales preocupaciones de los conquistadores cristianos tras la ocupación de la ciudad será dejar claro el nuevo *statu quo,* y para ello nada más simbólico que restablecer la catedral primada del antiguo reino de los visigodos, ocupando y utilizando la mezquita mayor que se había levantado sobre ella. Habrá que esperar, no obstante, hasta el verano de 1226 para que se pusiese la primera piedra de una nueva catedral, en la que en un primer momento se utilizarán las trazas dadas por el maestro Martín, y más tarde de Petrus Petri, y para la que se emplearán los elementos formales del estilo propio de la época: el gótico. Siguiendo los modelos de las catedrales francesas de Bourges, Le Mans y de la parisina Notre Dame, fue planteada con cinco naves y doble girola, cubriéndose ésta con la novedosa solución de alternar tramos triangulares y rectangulares. La construcción de la catedral vendrá a suponer la paulatina desaparición del templo musulmán, prolongándose las obras hasta 1493, año en el que, con el cierre de las últimas bóvedas por Juan Guas y Enrique Egas, puede darse por concluido el edificio.

Mas la catedral no se quedará sola. El extraordinario interés de todos los estamentos sociales por colaborar en la construcción de nuevos edificios religiosos, a pesar de las reiteradas prohibiciones para hacerlo sin licencia, determinó que a finales del siglo XVI se contaran en Toledo hasta 23 conventos femeninos, 14 masculinos, 21 parroquias latinas, 6 parroquias mozárabes, 4 colegios, 28 hospitales y 20 ermitas. Esto supondrá una importante transformación del entramado urbano, pues buena parte del escaso suelo disponible intramuros será ocupado en un imparable proceso que determina que el antiguo centro de poder político, la *urbs regia,* pase a convertirse en una auténtica ciudad-convento, subsistente hoy en buena parte a pesar de las muchas destrucciones y transformaciones sufridas en los dos últimos siglos. Contra viento y marea, catorce conventos femeninos y tres masculinos siguen manteniendo encendida hoy la llama espiritual de las comunidades retiradas del mundo entre iglesias, coros, celdas, claustros o refectorios construidos merced al poder y a la piedad en las pasadas nueve centurias.

Gran parte de esta expansión se hará a costa de los templos y edificios pertenecientes a las otras dos comunidades que coexistían junto con la cristiana: la islámica y la judía. Siendo la musulmana la realmente vencida por las armas, y no habiéndose agrupado en una zona única y diferenciada, salvo en parte de los arrabales, la paulatina transformación de mezquitas en iglesias no es sino la consecuencia lógica de la progresiva disminución de este grupo social, que será asimilado o expulsado ya desde los primeros tiempos de la conquista. Caso diferente presenta la comunidad judía, más numerosa e importante social y económicamente, que buscó su mejor defensa y su cohesión agrupándose en la zona suroeste de la ciudad, en una judería que llegó a ser la más importante de España. Hasta una decena de sinagogas llegó a tener abiertas esta comunidad, que conocerá a partir de finales de la Edad Media la expulsión o la conversión forzosa, iniciándose luego una persecución de los falsos conversos que prolongará por décadas la fractura social entonces iniciada.

Si algo pudo llegar a unir a las tres comunidades fue la cultura y el arte. Si ya durante la dominación musulmana los grupos de cristianos que habían podido mantener sus creencias, los mozárabes, habían adoptado elementos formales islámicos y visigodos para levantar sus iglesias; tras la conquista cristiana serán los maestros musulmanes los más demandados para la construcción de las iglesias, las sinagogas o los grandes palacios de la nobleza, continuando un estilo artístico que es el que con más propiedad puede ser considerado toledano: el mudéjar, que recibe el mismo nombre que la población musulmana que vivía bajo la dominación cristiana. Canteros, albañiles, carpinteros, yeseros o herreros colaborarán para configurar un modo propio de construir durante toda la Edad Media, que asienta sus bases en la utilización del muro de mampostería encintada, el arco de herradura y el lobulado, los artesonados y viguerías decoradas, o las yeserías para enmarcar vanos y puertas, y que tendrá su plasmación última en los arcos lobulados que ornan el triforio de la catedral o en las decoraciones de la sinagoga del Tránsito, palmario ejemplo este último del sincretismo artístico y cultural de Toledo: una obra realizada por alarifes musulmanes para su utilización por la comunidad judía, luego asimilada y utilizada por la cristiana.

PAISAJES DE UNA CIUDAD

Ciento cuarenta y seis hectáreas de terreno, en su mayoría quebrado, con trescientas noventa y dos calles y plazas, a las que se abren un total de dos mil setecientos sesenta y tres edificios de viviendas, conforman el casco histórico y monumental de Toledo. Puede decirse que apenas un par de estas calles tienen un trazado rectilíneo durante más de treinta metros seguidos, dato que nos da idea cabal de la disposición e imagen física de una urbe que se precia de mantener en gran medida la configuración que alcanzó tras los casi cuatro siglos de dominación musulmana, que había acabado a su vez con una presunta ordenación ortogonal de la *Toletum* romana, luego heredada por los visigodos. Cierto es, no obstante, que todas las etapas históricas han ido dejando su impronta en una ciudad permeable como pocas, que ha ido asimilando los cambios –los de las reformas urbanas del humanismo y el clasicismo renacentistas, los de las grandes construcciones barrocas, los de los edificios historicistas de finales del XIX y principios del XX–, al tiempo que ha permanecido inalterada en lo esencial.

Sin duda fue la complicada topografía del gran cerro sobre el que se asentó la ciudad la que ordenaría la ubicación y orientación de las principales vías urbanas de acceso al centro, que se dispondrían, empinadas y tortuosas, en torno a las cuatro vaguadas naturales de evacuación de las aguas. En otros casos, se procuró seguir las curvas de nivel allá donde se podía aprovechar, siquiera fuera mínimamente, la tan preciosa por escasa planicie de algunas partes del terreno, dando lugar en este caso a las calles de una mayor anchura.

La masiva llegada de nuevos pobladores, sobre todo desde finales de la Edad Media, es un factor que justificará el enorme abigarramiento de muchas de estas calles, que se estrechan, se «techan» y hasta se cierran al tránsito por unos vecinos que disputan al espacio público cada centímetro de terreno susceptible de ser utilizado en beneficio propio. Por si ello fuera poco, si ya a finales del siglo XVI eran más de 50.000 los habitantes que atestaban una ciudad casi del todo carente de plazas y espacios abiertos, la nueva construcción o la expansión de los edificios religiosos será una dificultad añadida que, en última instancia, contribuye a explicar la existencia de elementos tan típicamente toledanos como los adarves (calles sin salida), los cobertizos (pasadizos que atraviesan las calles en altura comunicando dos casas), los ajimeces (amplios miradores cubiertos de celosías), los «corrales» medievales abiertos o los callejones que se cierran con unas cancelas de forja para ofrecer intimidad y seguridad a sus moradores e impedir el paso al transeúnte. La existencia de tan sólo tres plazas que pueden recibir con toda justicia el nombre de tales (Zocodover, Mayor y del Ayuntamiento), se debe, más que a nada, al esfuerzo de un Consistorio empeñado en ampliar y regularizar sus respectivos espacios en las zonas tradicionalmente más comerciales de la ciudad.

No es raro, con esto, que muchas de las casas del Toledo histórico se dividieran hasta límites insospechados para dar cabida a nuevos vecinos. Casas de tradición islámica, que crecen en altura, a menudo compartidas y muy cerradas a un exterior al que se abren pocos y pequeños vanos, y que, sobre todo en los barrios perimetrales, se ordenan en torno a un patio que se constituye en eje central de la vida cotidiana. Casas con vida propia, de planta irregular, que no responden a modelos ordenados y uniformes, y que rara vez guardan la simetría. Casas hechas con muros de mampostería o ladrillo, con portales, con zaguanes, con minúsculas cuadras, con lóbregos sótanos, con torres que en realidad son palomares abiertos con la función de mirador, con aljibes en los que se atesoraba como al bien más preciado el agua caída sobre las cubiertas. Y también, cómo no, las grandes casas señoriales, que todavía nos siguen hablando de los que fueron sus propietarios a través de una búsqueda de la simetría y la regularidad no siempre conseguidas, y sobre todo de sus portadas, en las que se sitúan los motivos religiosos, los heráldicos o los dictados por el capricho o saber hacer del alarife mudéjar que las realizó.

Con todo, si el lego en la materia se asombra de que, aún hoy, más de la mitad de los edificios de la ciudad sean anteriores al siglo XX, y ciento quince de ellos estén catalogados como monumentos; no debemos pasar por alto que en las últimas décadas se han producido intensos procesos de reforma y renovación urbana que han venido a facilitar y reafirmar las funciones administrativa, comercial y religiosa en detrimento de la residencial; aunque, quizá en demasiadas ocasiones, en aras de la funcionalidad o de una mal entendida modernidad, han modificado o destruido la estructura tradicional y la morfología de un Toledo que lucha por seguir manteniendo la armoniosa yuxtaposición de sus paisajes como una de sus más importantes señas de identidad.

DE ARTE, SABER Y CARIDAD

Pocos artistas se han identificado tanto con una ciudad como Doménico Theotocópuli, El Greco, con Toledo y, sin embargo, su origen y formación están muy alejados de la ciudad imperial. Nacido en Candía (Creta) en 1541, aprendió a pintar iconos y miniaturas dentro de la tradición más puramente bizantina, pero al trasladarse a Italia, en 1567, conformará su mano con la influencia de las técnicas, formas y coloridos de la pintura veneciana de Tiziano y Tintoretto, y, más tarde, de otros maestros del Cinquecento como Corregio, Veronés, Rafael, Miguel Ángel y otros manieristas romanos.

Será en Roma donde entre en contacto con Luis de Castilla, hijo del Deán de la Catedral Primada, que le animará a venir a España en 1577 facilitándole los encargos de sus dos primeras obras toledanas: los tres retablos de Santo Domingo el Antiguo y *El Expolio,* para la sacristía catedralicia. En 1580 Felipe II le encarga *El martirio de San Mauricio* para El Escorial, pero al no gustar el resultado al monarca, El Greco volvió a Toledo y se vinculó definitivamente con la ciudad y sus habitantes. Ciudad que, a pesar de no contar ya con la Corte –trasladada a Madrid en 1561–, seguía manteniendo una gran importancia económica y religiosa, y en la que el Greco encontrará a sus principales mecenas y clientes: personajes del alto clero, profesionales, hombres de letras y algunos nobles. Estos integrantes de la alta sociedad toledana de finales del XVI adoptarán al candiota como pintor de referencia y de culto, y serán los que mejor sabrán apreciar un modo de hacer verdaderamente singular, que parte de una base orientalizante y lo mucho aprendido en Italia para, con lo desarrollado después en Toledo, configurar un lenguaje plástico en el que tendrán cabida al tiempo las corrientes neoplatónicas y las contrarreformistas, los desnudos más «revolucionarios» y la más apasionada devoción religiosa: la sola libertad del artista como única orientación, en última instancia. Y Toledo. En sus gentes o en sus paisajes, directa o indirectamente, la ciudad se erigirá en la verdadera protagonista de los cuadros de un pintor que se sublima en sus últimos y no del todo acabados contratos para el Hospital de Tavera, en los que se abandona sin recato a su pasión por el color y la expresión.

Auténtico adelantado a su tiempo, los canales más oficiales no gustarán de un estilo quizá demasiado innovador, lo que le mantendrá en un espléndido aislamiento toledano hasta que fue «descubierto» por los románticos, ya en el siglo XIX. A partir de ese momento su obra comienza a dispersarse por todos los museos del mundo, aunque aún se mantenga una parte muy sustancial de la misma en la que él consideró como su segunda patria.

Tan toledanos como El Greco o como su obra son los hospitales históricos, muestras de la nueva mentalidad social de un Estado Moderno que buscaba la erradicación de la mendicidad, considerada como una auténtica lacra para el ornato y limpieza de la ciudad. Hasta una treintena de hospitales funcionaban en Toledo en tiempos del Greco, la mayoría de ellos dedicados a la asistencia y asilo de los pobres, destacando sobre el resto los de

Santa Cruz y San Juan Bautista, construidos a expensas de los cardenales Mendoza y Tavera respectivamente, que pedirán sus trazas a los más importantes arquitectos –a Enrique Egas el uno, a Alonso de Covarrubias el otro– y pretenderán con sus iniciativas centralizar en una gran institución la asistencia sanitaria y social que se prestaba en la ciudad.

Ambos están hoy convertidos en museos, los más grandes de los dieciséis abiertos en Toledo para mostrar una parte de los restos de su pasado. Ocupando estos antiguos hospitales, pero también emblemáticas casas, iglesias, sinagogas o palacios, están dedicados a etapas, estilos o culturas (visigodo, sefardí, mudéjar, arte contemporáneo); a la obra de artistas (Casa de El Greco, Victorio Macho); o a la historia y patrimonio de los edificios en los que se enclavan, como los de la catedral, el del Alcázar, el de San Juan de los Reyes, el del Hospital Tavera o los de tres conventos de monjas de clausura.

El mecenazgo de las artes y las ciencias y las labores filantrópicas fueron siempre unas de las mayores preocupaciones de los arzobispos toledanos, pero este fenómeno adquiere su máxima expresión durante el mandato del cardenal don Francisco Antonio de Lorenzana (1772-1798), auténtica segunda edad de oro de la archidiócesis tras los esplendores del siglo XVI. Máximo representante de la Ilustración, a iniciativa suya se deben la rehabilitación del Alcázar para dedicarlo a sede de una Real Casa de Caridad donde tuvieran asilo y enseñanza los ociosos; la realización de diversas obras en la catedral, como la apertura de la Puerta Llana; la puesta en funcionamiento de una Biblioteca Arzobispal abierta al público; la construcción del Hospital del Nuncio para atender a los dementes; el fomento de las manufacturas textiles y la modernización de las técnicas agrícolas; o la reforma del edificio del Colegio de Doncellas.

Pero quizá su proyecto más querido, y el único que no pudo ver realizado, fue la construcción del edificio universitario que lleva su nombre sobre el solar de la antigua sede de la Inquisición. Obra del arquitecto Ignacio Haan, como la Puerta Llana o el Hospital del Nuncio, el extraordinario edificio neoclásico sirvió de sede a la Universidad hasta su supresión en 1845, y desde entonces y hasta 1970 al Instituto de Enseñanza Media, para volver de nuevo a ser Colegio Universitario y, desde 1985, sede de la Universidad de Castilla-La Mancha en Toledo. Joven universidad que más adelante pudo radicarse en el magníficamente rehabilitado edificio del antiguo convento dominico de San Pedro Mártir y, más recientemente, en lo que fue la Real Fábrica de Armas que en 1761 mandara construir Carlos III.

En el último suspiro del frenético y loco siglo XX, con la instalación del nuevo campus universitario en las abandonadas pero entrañables instalaciones del otro gran proyecto ilustrado para la ciudad, se cerraba el círculo: gran parte del futuro de Toledo pasará, necesariamente, por la educación y la cultura. Por el saber.

The Art
and the History

ARCHITECTURE OF POWER

In the strict class society of the Ancient Regime, the predominant social groups needed to reaffirm their situation, and also make others aware of the fact that they both had and exercised power. From among the different art forms, none better than architecture could offer them the appropriate representation and symbolic language. Size, luxury, exoticism and modernity were to be the concepts used to design buildings that could be both used and shown in an exercise of emblematic ostentation not uncommon to the position held in the society of the time.

All of them had to be towered over by the King's palace. The Alcazar was to be the embodiment of the court's image of power, and the most important architects of the time were given the task of dealing with the design of the old medieval fortress to convert it into a Renaissance palace with a rectangular layout, four large towers on each corner, an imposing imperial staircase and a central patio with arches supporting galleries. Alonso de Covarrubias, Francisco de Villalpando and Juan de Herrera, the latter being the creator of El Escorial, followed each other in submitting models for a work which was begun shortly before the mid-16th century by Charles V and continued by his son Philip II; this project hardly ever fulfilled its role as a royal residence. It was abandoned, turned into a prison, barracks and House of Charity, and after successive fires and destruction by acts of war, it was restored for a new use from the middle of the 19th century: an Academy for the Infantry. From that moment on, the Alcazar was associated with the image of another power: the military, which was to consecrate its enclosure during the half century following the sad episodes that occurred there during the 1936-39 Civil War. Finally, since 16th October 1998, the Alcazar has been "conquered" by a new universal, democratic, tolerant and integrating power: culture, represented by the Library of Castilla-La Mancha and, in the near future, the Army Museum.

The municipal power also required a building that projected its importance in the life of the town. After Covarrubias had planned a new square in front of the Cathedral and the Archbishop's Palace, the Town Hall was to approach Juan de Herrera for him to design a new building, and no model could have been more appropriate than that offered by the Crown itself. The emulation of the prestige and authority that emanates from royalty was consciously sought in a construction which, later continued by Nicolás de Vergara "el Mozo", Jorge Manuel Theotocópuli and, at the beginning of the 18th century, by Teodoro Ardemans, shows a clear Escorial-like appearance that is not present in the Archbishop's Palace opposite. The latter is also the result of the genius of Covarrubias, albeit greatly altered in later times. Indeed, the ostentatious presence of this palace in the square that is always referred to as the "Plaza del Ayuntamiento" emphasises the huge importance of the ecclesiastic power in the town, already present with the colossal façade of the base of the Cathedral, whose pile seems to want to cancel out that of the comparatively much more modest town hall building.

Nobility also looked to emulate royal prestige in buildings that showed their political, economic and social power. Luxurious palaces which often served for a "behind doors" way of life, typical of the entire town, took up entire blocks, especially in the northern area, in an exercise of social affirmation that was altered only slightly by the traumatic transferral of the Court to Madrid in 1561.

At the time, other more "private" buildings (used above all as family buildings) adorn and characterise the surroundings of the town: the *cigarrales* (country houses on the banks of the River Tajo). These are buildings with lands, all containing a house used as a second residence and an immediate surrounding dotted with cypress, olive and almond trees, together with decorative and aromatic plants, thickets, trained vines and hedges to make up properties that are very different and which coincide in their desire for the best views of the town. Their distant ancestors are the *villae* the wealthy Romans had built on the banks of the *locus amoenus,* which were the plains of the River Tajo at that time, and the leisure gardens into which they were converted during the centuries of Moorish domination. However, most of the *cigarrales* that have survived till present day were built on the hills to the south and east of the town during the Renaissance period, where the nobles and clergy looked to enjoy lavish isolation from the everyday hustle and bustle. From the mid-19th century, the *cigarrales* were to become an object of desire for the bourgeoisie, writers and intellectuals, who generally saw them as humble buildings and the not very fertile surrounding land as the best vantage points from which to continue enjoying the eternal beauty of Toledo.

BUILDINGS FOR A GOD

Few publicity slogans have been as successful in characterising Toledo as that which acclaims it as the "Town of the Three Cultures", a paradigm of tolerance and harmonious coexistence between the three great monotheistic religions from its conquest by Alphonso VI in 1085 and especially during the reign of Alphonso X the Learned in the second half of the 13th century. However, the frequent bloody conflicts of this coexistence must not be forgotten, together with the forced conversions, persecutions and expulsions that took place from the end of the 15th to the beginning of the 17th centuries. Where they do not represent an express denial of this historical myth of permissiveness regarding those who did not share the officially aclaimed religion, these events shed quite a different light on it.

Indeed, one of the main concerns of the Christian conquerors after they had occupied the town was to make the new status quo clear, and to do this, there could have been nothing more symbolic than re-establishing the primate cathedral of the ancient reign of the Visigoths, occupying and using the greater mosque that had been built upon it. However, it was not until 1226 that the first stone of a new cathedral was laid, first using the plans provided by the master builder Martín, and later by Petrus Petri. For this new cathedral, the formal elements of the period were used, i. e. the Gothic style. In line with the models of the French cathedrals of Bourges, Le Mans and the Parisian Notre Dame, it was designed with five naves and a double ambulatory, which was covered with the novel solution of alternating triangular and rectangular sections. The construction of the cathedral meant the gradual disappearance of the Moslem temple, and the works continued until 1493, when the closure of the last vaults by Juan Guas and Enrique Egas was taken as the end of the building.

But the cathedral was not to stand alone. The extraordinary interest of all social classes in collaborating in the construction of new religious buildings, despite the reiterated prohibitions for doing so without a licence, led to Toledo having, at the end of the 16th century, 23 female and 14 male convents, 21 Christian parishes, 6 Mozarab parishes, 4 colleges, 28 hospitals and 20 shrines. This meant an important transformation of the urban ensemble, for a good part of the little space available within the walls was to be taken up by an unstoppable process that was to lead to the former centre of political power, the *urbs regia,* becoming an authentic town-convent, which still stands today despite the numerous destructions and transformations that have affected it over the last two centuries. Against all odds, fourteen female and three male convents keep alight the spiritual flame of the orders that have withdrawn from the world, among churches, cells, cloisters and refectories built thanks to the power and piety of the last nine centuries.

A large part of this expansion was carried out at the expense of the temples and buildings which belonged to the other two communities that coexisted with the Christian religion: the Islamic and Jewish religions. With the Moslem religion being the one which was conquered by arms and not having grouped together in a single and differentiated area, except in part of the outskirts, the gradual transformation of mosques into churches is merely the logical consequence of the progressive reduction of this social group, which was to be converted or expelled from the first moments of the conquest. The case of the Jewish community is different. It was larger and socially and economically more important, and defended itself by grouping together in the southwest of the town, in a Jewish quarter that was to become the largest in Spain. This community came to have ten synagogues before the expulsion or forced conversion of its members at the end of the Middle Ages, which saw the beginning of a persecution of false converts that was to prolong social fragmentation for decades.

If anything was to be capable of bringing together the three communities, it was culture and art. If during the Moorish domination, the groups of Christians who had succeeded in upholding their faith, the Mozarabs, had adopted formal Islamic and Visigothic elements when building their churches, after the Christian conquest, the

Toledo
El Arte y la Historia
The Art and the History
44

Moslem master builders were to be the most in demand for the construction of churches, synagogues and the great palaces of nobility, thus continuing an artistic style that may be most properly considered as Toledan: the Mudejar style, which received the same name as the Moslem population living under Christian domination. Stonemasons, joiners, carpenters and blacksmiths joined forces to create their own building style during the Middle Ages, based on the use of the masonry wall, the horseshoe and lobed arches, coffered ceilings and decorated beams, or plasterwork for framing windows and doors. The ultimate embodiment of this style was to be found in the lobed arches that decorate the triforium of the cathedral or in the synagogue of El Tránsito, a perfect example of the artistic and cultural syncretism of Toledo: a work carried out by Moslem master builders for use by the Jewish community, which was then assimilated and used by Christians.

TOWN LANDSCAPES

One hundred and forty six hectares of land, mostly divided up, with three hundred and ninety two streets and squares, which hold a total of two thousand seven hundred and sixty three residential buildings, make up the historical and monumental quarter of Toledo. It could be said that only a couple of these streets follow a straight line for over thirty metres, a fact that gives us a perfect idea of the layout and physical appearance of a town that is proud of largely maintaining the design it had after the almost four centuries of Moslem rule, which, in turn, had done away with the supposed orthogonal layout of the Roman Toletum, which was then inherited by the Visigoths. However, it is true that all the stages of history have left their mark on a town that has shown itself to be permeable like few others; it has assimilated change (those of the urban reforms of humanism and Renaissance classicism, of the great Baroque constructions and the historicist buildings of the end of the 19th and beginning of the 20th centuries) at the same time as its essence has remained unaltered.

It was undoubtedly the complicated topography of the large hill on which the town was founded which set out the location and orientation of the main urban access roads to the centre, on winding slopes around the four natural water drainage courses. Elsewhere, where minimally possible, the scarce flat parts of the land were used, resulting in wider streets.

The mass arrival of new settlers, especially from the end of the Middle Ages, explains the huge chaos of many of these streets, which were narrowed, covered and even closed off to traffic by neighbours who took from public space each centimetre of land that could be used for their own benefit. What is more, if at the end of the 16th century, over 50,000 inhabitants vouched for a town almost completely void of open spaces and squares, the new construction or expansion of the religious buildings was to be an added difficulty, which helps to explain the existence of elements so typically Toledan as the *adarves* (cul-de-sacs), the *cobertizos* (passageways that cross the streets at a height to connect two houses), the *ajimeces* (large viewpoints covered with lattice windows), the open medieval *corrales* (yards) or the narrow streets that were closed with iron gates to provide residents with privacy and safety and to stop entry to passers-by. The existence of only three squares which truly deserve the name (Plaza Zocodover, Plaza Mayor and Plaza del Ayuntamiento), is due more than anything to the efforts of a Town Hall obsessed with extending and organising their respective spaces in the traditionally more commercial areas of the town.

It is not surprising therefore to discover that many of the houses of the historical quarter of Toledo were divided to impossible points to make room for new neighbours. Houses of Islamic tradition, which grow in height, often shared and very closed to an exterior onto which only a few small windows look out, and which, especially on the quarters on the outskirts, are arranged around a patio which is the central axis of everyday life. Houses that are alive, with an irregular layout, and which do not respond to organised uniform models, and which are rarely symmetrical. Houses made of masonry or brick walls, with entrance gates, with hallways, with very small stables, with dark cellars, with towers that are actually open dovecots and serve as a vantage point, with tanks which stored the water that fell on the roofs as if it were the most valuable of treasures; and also, of course, the largely stately homes, which still tell us of their owners by means of a search for the symmetry and regularity that were not always successfully achieved, and above all, by their façades, which display motifs that are religious, heraldic or dictated by the whim or know-how of the Mudejar master builder that made them.

If the layman in the matter is surprised that even today, over half the buildings of the town are from before the 20th century and that one hundred and fifteen of them are catalogued as monuments, we must not forget that the last decades have seen intense urban refurbishment and renovation processes that have come to facilitate and reaffirm functions that are administrative, commercial and religious rather than residential. However, perhaps all too often, in honour of functionality or a misconceived modernity, these processes have altered or destroyed the traditional structure and morphology of a Toledo that strives to uphold the harmonious juxtaposition of its landscapes as one of its most important signs of identity.

ART, KNOWLEDGE AND CHARITY

Few artists have been identified with a city as much as Doménico Theotocópuli, El Greco with Toledo and yet his origin and training lay far from the imperial city. He was born in Candía (Crete) in 1541, and learned to paint icons and miniatures in the purest Byzantine tradition. However, when he moved to Italy in 1567, he let his hand be shaped by the influence of the techniques, shapes and colours of the Venetian paintings of Titian and Tintoretto, and later, of other masters of the Cinquecento such as Corregio, Veronés, Raphael, Michelangelo and other Roman mannerists.

It was in Rome where he met Luis de Castilla, son of the Dean of the Primate Cathedral, who encouraged him to come to Spain in 1577, entrusting him with his first two Toledan works: the three altarpieces of Santo Domingo el Antiguo and *El Expolio (The Spoliaton),* for the sacristy of the cathedral. In 1580, Philip II entrusted him with the work El martirio de San Mauricio (the Martyrdom of St. Mauritius) for El Escorial, but as the monarch was not pleased with the final result, El Greco returned to Toledo and definitively integrated with the town and its inhabitants. It was a town which, despite no longer having the Court, because it had been transferred to Madrid in 1561, was still economically and religiously important, and provided El Greco with his main sponsors and clients: members of the high clergy, professionals, men of letters and occasional nobles. These members of the high Toledan society of the end of the 16th century were to adopt him as their reference and cult painter, and best knew how to appreciate a truly unique way of working, which had an orientalist base that included the great amount he had learned in Italy and, together with what he had then developed in Toledo, resulted in an artistic language that involved the Neo-Platonist and counter-reformist trends, the most "revolutionary" nudes and the most passionate religious devotion: the simple freedom of the artist as its ultimate sole orientation. And the city of Toledo, in its people or its landscapes, directly or indirectly, was to stand as the true protagonist of the pictures of a painter who reached his height in his last and not fully completed works for the Hospital of Tavera, in which he openly delivers himself to his passion for colour and expression.

As he was an artist truly ahead of his time, the more official channels were not to like a style that was possibly too innovative; a fact which was to keep him in lavish Toledan isolation until he was "discovered" by the romantics in the 19th century. From that moment on, his work began to spread throughout all the museums of the world, although a very substantial part of it remains in what he considered to be his second country.

As Toledan as El Greco or his work are the historical hospitals, examples of a new social mentality of a Modern State that sought the eradication of beggars, who were considered a blemish on the beauty and cleanliness of the town. Up to thirty hospitals were open in the times of El Greco, most of which were dedicated to giving refuge to and attending the poor. The main two were those of Santa Cruz and San Juan Bautista, built at the expense of the Cardinals Mendoza and Tavera respectively, who entrusted their designs to the most important architects (one to Enrique Egas and the other to Alonso de Covarrubias) and sought to use their initiatives to centralise the sanitary and social assistance provided by the city into one great institution.

Today, both have been turned into museums, and are the largest of the sixteen that are open in Toledo to exhibit a part of the remains of its past. Set in these former hospitals, and also in emblematic houses, churches, synagogues and palaces, they are dedicated to stages, styles and cultures (Visigothic, Sephardic, Mudejar, contemporary art), to the work of artists (the House of El Greco, Victorio Macho) or to the history and heritage of the buildings in which they are housed, such as those of the cathedral, the Alcazar, San Juan de los Reyes, the Tavera Hospital or the three enclosure convents.

The sponsorship of the arts and sciences, and philanthropic works was always some of the greatest concerns of the archbishops of Toledo, but this phenomenon reaches its zenith during the mandate of Cardinal Francisco

Antonio de Lorenzana (1772-1798), a period which represented the second Golden Age of the archdiocese after the splendours of the 16th century. Maximum representative of the Enlightenment, it was his initiative which led to the refurbishment of the Alcazar so that it might be used as a Royal Charity House for the refuge and teaching of the idle; various works in the cathedral, such as the opening of the Puerta Llana; the opening to the general public of an Archiepiscopal Library; the construction of the Hospital del Nuncio for attending the mentally ill; the promotion of textile manufacture and the modernisation of agricultural techniques and the reformation of the building of the College of Doncellas.

But perhaps his most beloved project, and the only one he did not see carried out, was the construction of the university building that bears his name on the land where once stood the former building of the Inquisition. Work of the architect Ignacio Haan, as is the Puerta Llana or the Hospital del Nuncio, this extraordinary neoclassical building was used as the university building until it was suppressed in 1845, and since then and until 1970 as a Secondary School. It once again became a University College and since 1985, has been home to the University of Castilla-La Mancha in Toledo. It is a young university which was then installed in the magnificently refurbished building of the former Dominican convent of San Pedro Mártir and, more recently, in what was the Royal Arms Factory whose construction was ordered by Charles III in 1761.

At the end of the frenetic madness of the 20th century, the installation of the new university campus in the abandoned but charming installations of the other great Enlightenment project of the city closed the circle: a large part of the future of Toledo is to pass, necessarily through education and culture. Through knowledge.

Arquitecturas

Izquierda: estatua de Carlos V en el patio del Alcázar.
Derecha: Castillo de San Servando.

Left, statue of Charles V in the courtyard of the Alcazar.
Right, Castle of San Servando.

del Poder

Architecture of Power

Alcázar de Toledo. En la página de al lado,
vista general desde el sur.
A la derecha, detalle de la fachada norte
y, abajo, la fachada este.
En la doble página siguiente, el patio central.

*The Alcazar of Toledo. Opposite page,
general view from the south.
Right, view of the north façade and below,
the east façade. Following double page,
the central courtyard.*

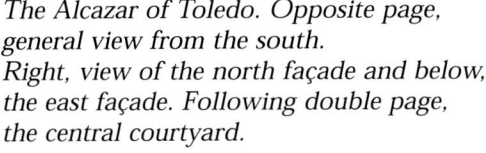

Página de al lado,
escalera del Alcázar.

Opposite page,
staircase of the Alcazar.

En esta página, el Ayuntamiento.
Arriba a la derecha, escalera
principal y, abajo, fachada que da
a la Plaza del Ayuntamiento.

This page, the City Hall.
Top right, main staircase
and below, façade looking
onto the Plaza del Ayuntamiento.

Al lado, patio interior cubierto del Ayuntamiento con vidriera del escudo de la ciudad.

Opposite page, inside covered courtyard of the City Hall with a stained glass window showing the city's coat of arms.

Sala Capitular del Ayuntamiento, decorada con frescos de José Vera.

City Hall Chapter House, decorated with frescoes by José Vera.

Palacio Arzobispal. Al lado, vista general
de la fachada. Arriba, parte superior
de la portada, decorada con los escudos
del Cardenal Tavera.

*Archbishop's Palace. To the side, general
view of the façade. Top, upper part
of the front, decorated with the coats
of arms of Cardinal Tavera.*

Sobre estas líneas, portada del palacio de Fuensalida.
En la página de al lado: arriba izquierda, escalera del palacio de Malpica; arriba derecha,
exterior del palacio del Rey don Pedro; abajo, vista general del palacio de Fuensalida.

Above these lines, front of the palace of Fuensalida.
Opposite page: top left, staircase of the palace of Malpica; top right, exterior
of the palace of King don Pedro; bottom, general view of the palace of Fuensalida.

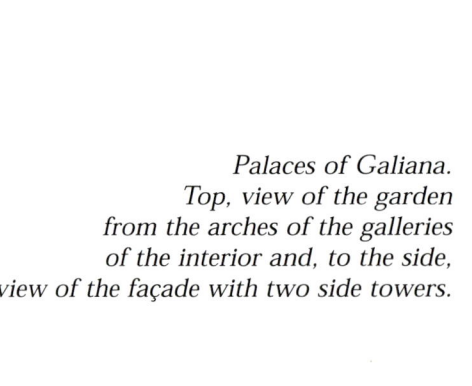

Palacios de Galiana. Arriba, vista del jardín
desde los arcos de las galerías del patio interior,
y, al lado, conjunto de la fachada
con dos torreones laterales.

Palaces of Galiana.
Top, view of the garden
from the arches of the galleries
of the interior and, to the side,
view of the façade with two side towers.

En la página de al lado, dos vistas
del Castillo de San Servando.

*Opposite page, two views
of the Castle of San Servando.*

A la derecha, vista general
de los cigarrales al sur de la ciudad.
Abajo, entrada al cigarral
del Santo Ángel Custodio.

*Right, general view of the cigarrales
(country houses) to the south of the city.
Below, entrance to the cigarral
of Santo Ángel Custodio.*

Edificios

A la izquierda, monumento al Sagrado Corazón de Jesús.
A la derecha, iglesia de Santiago del Arrabal.

Left, Monument to the Sacred Heart of Jesus.
Right, church of Santiago del Arrabal.

para un Dios

Buildings for a God

Catedral de Toledo. Arriba, vista desde el otro lado del río;
en la página de al lado, vista de la cabecera desde el Alcázar.

*Cathedral of Toledo. Top, view of the southern
side from the opposite bank of the river; opposite page,
view of the upper end from the Alcazar.*

Catedral de Toledo.
A la izquierda, la torre;
abajo, el llamado Arco
de Palacio, que comunica
la Catedral con el Palacio
Arzobispal. En la página
de al lado, fachada de los
pies, con la Puerta del
Perdón, desde la Plaza
del Ayuntamiento.

Cathedral of Toledo.
Left, the tower; bottom,
the so-called Palace Arch,
which joins the Cathedral
with the Archbishop's
Palace. Opposite page,
façade of Los Pies, with the
Gate of Perdón, from the
Plaza del Ayuntamiento.

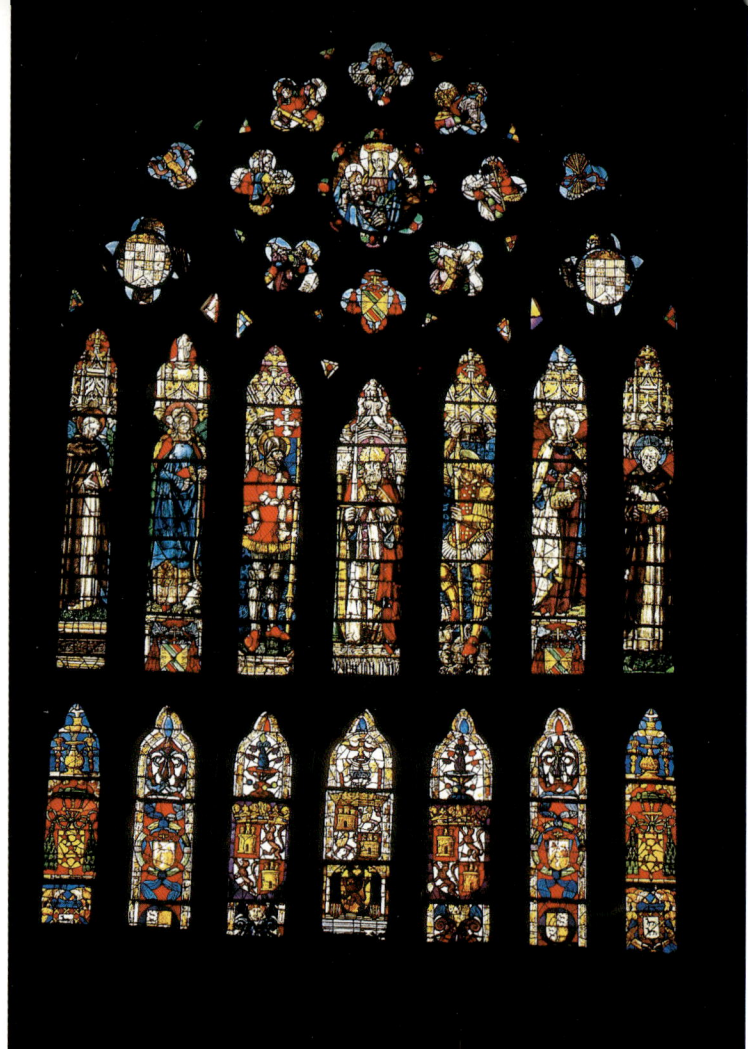

*Cathedral of Toledo. Top left,
Gate of Los Leones; top right,
stained glass windows;
bottom, the Clock Gate.
Opposite page, Main Chapel
and Altarpiece. Following
double page, view of the choir
stalls and Virgen Blanca.*

Catedral de Toledo. Arriba
izquierda, Puerta de los Leones;
arriba derecha, vidrieras; abajo,
Puerta del Reloj. En la página de
al lado, Capilla Mayor y Retablo.
En la doble página siguiente,
conjunto de la sillería del Coro
y Virgen Blanca

Catedral de Toledo. Bóveda de la Sacristía, decorada con frescos de Luca Giordano.

Cathedral of Toledo. Vault of the sacristy, decorated with frescoes by Luca Giordano.

Toledo

Edificios para un Dios
Buildings for a God

78

El Arte y la Historia / The Art and the History

Catedral de Toledo. En la página de al lado,
vista de la Sacristía, obra de J. B. Monegro;
arriba, Sala Capitular, de Enrique Egas y Pedro Gumiel,
con decoración pictórica de Juan de Borgoña.

*Cathedral of Toledo. Opposite page,
view of the sacristy, the work of J. B. Monegro;
top, the Chapter House by Enrique Egas and Pedro
Gumiel, with paintings by Juan de Borgoña.*

Catedral de Toledo. A la izquierda,
Capilla de la Virgen del Sagrario, patrona
de la ciudad; abajo, Capilla de Santiago,
con las tumbas de Don Álvaro de Luna
y su esposa, Juana Pimentel. En la página
de al lado, el *Transparente* de Narciso Tomé.

Cathedral of Toledo. Left, the Chapel of the Virgen
del Sagrario, patron saint of the city; below, the
Chapel of Santiago, with the tombs of don Álvaro
de Luna and his wife, Juana Pimentel. Opposite
page, El Transparente, *by Narciso Tomé.*

Arriba izquierda, Capilla del Corpus Christi
en la iglesia de los Santos Justo y Pastor.
Arriba derecha, arcos de la nave del interior de la iglesia
de El Salvador. Abajo izquierda, cabecera y torre
de la iglesia de Santiago del Arrabal.

*Top left, the Chapel of Corpus Christi in the church
of Santos Justo y Pastor. Top right, arches in the church
of El Salvador. Bottom left, upper end and tower
of the church of Santiago del Arrabal.*

En la página de al lado, interior
de la iglesia de Santiago del Arrabal.

*Opposite page, interior of the church
of Santiago del Arrabal.*

En la página de al lado,
interior hacia la cabecera
de la iglesia San Román
(Museo de los Concilios
y de la Cultura Visigoda).

Opposite page, interior view
of the upper end of the church of
San Román (Museum of the
Councils and Visigoth Culture).

Abajo, vista de San Juan de los Reyes,
desde el Puente de San Martín.

Below, view of San Juan de los Reyes
from San Martín bridge.

Portada de la iglesia de las
Santas Justa y Rufina.

Main front of the church
of Santas Justa y Rufina.

Edificios para un Dios
Buildings for a God

Al lado, fachada
de la iglesia de
San Ildefonso.

*Left, façade of
the church of San
Ildefonso.*

Página de al lado.
Arriba, antiguo
convento de San
Gil, actual sede
de la Cortes
de Castilla-
La Mancha.
Abajo, Claustro
de San Pedro
Mártir.

*Opposite page,
top, former
convent of San
Gil, current seat
to the Courts of
Castilla-La
Mancha.
Opposite page,
bottom, Cloister
of San Pedro
Mártir.*

Doble página anterior, diversos aspectos del claustro,
cabecera e interior del Monasterio de San Juan de los Reyes.

*Preceding double page, different views of the cloister,
upper end and interior of the Monastery of San Juan de los Reyes.*

Sepulcro del Señor de Ajofrín
(siglo XIV), del museo
del convento de Santo
Domingo el Antiguo.

Arriba, portada del Monasterio de Monte Sión
o de San Bernardo.

*Above, main front of the Monastery
of Monte Sión or San Bernardo.*

Silla de la Abadesa del convento de San
Clemente, obra de Felipe Vigarny (1536).

*Seat of the Abbess of the Convent of San
Clemente, by Felipe Vigarny (1536).*

*Sepulchre of the Lord of
Ajofrín (14th century), in the
museum of the Convent of
Santo Domingo el Antiguo.*

Página de al lado, Altar
Mayor de Santa Clara la
Real, obra de Luis Tristán.

Opposite page, Main Altar
of Santa Clara la Real,
by Luis Tristán.

Alfarje mudéjar que cubre
el coro del convento de las
Comendadoras de Santiago.

Mudejar batten covering the
choir of the Convent of Las
Comendadoras de Santiago.

Coro del convento
de Santo Domingo el Real.

Choir of the Convent
of Santo Domingo el Real.

Página de
al lado: Retablo
de la Visitación,
obra de Alonso
Berruguete,
del convento de
Santa Úrsula.

*Opposite page:
altarpiece of the
Visitation, by Alonso
Berruguete, in the
Convent of Santa
Úrsula.*

*Following double page:
left, Main Altar of the
Convent of Las Gaitanas,
with the Immaculate
Conception by Francisco
Rizzi. Right, inside the
church of the Convent of
San José, of the Barefoot
Carmelites, with the St.
Augustine and St. Teresa,
by Antonio de Pereda.*

Altar Mayor del convento de las Capuchinas,
obra de Zumbigo y Fanelli.

*Main Altar of the Capuchin Convent,
by Zumbigo and Fanelli.*

Doble página siguiente. Izquierda, Altar Mayor
del convento de las Gaitanas, con la *Inmaculada* de
Francisco Rizzi. Derecha, interior de la iglesia
del convento de San José, de Carmelitas descalzas, con
el *San Agustín* y *Santa Teresa,* de Antonio de Pereda.

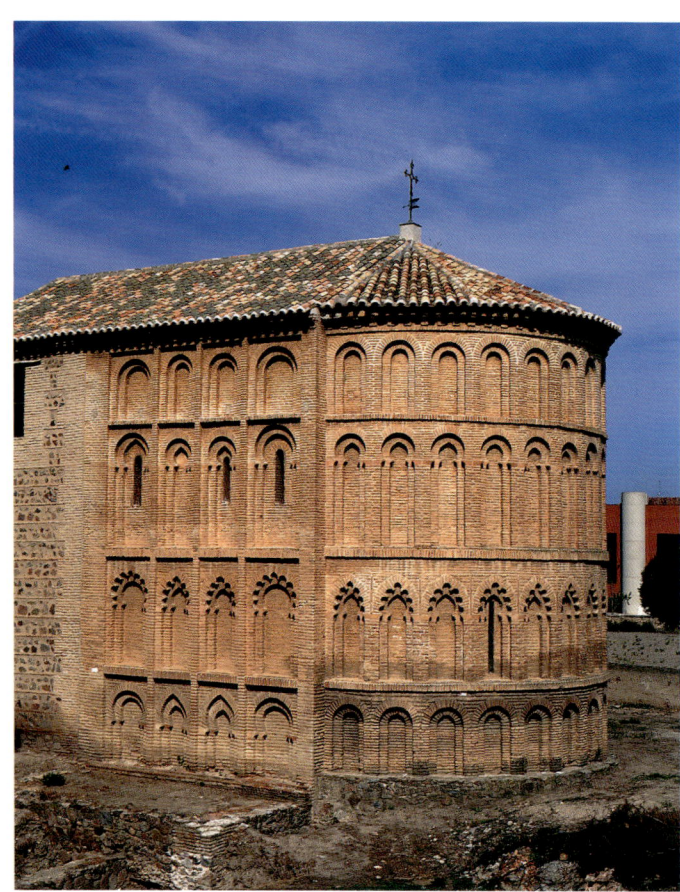

Arriba, ábside
del Cristo de la Vega.

*Above, apse of
El Cristo de la Vega.*

Ermita de Nuestra
Señora del Valle.

*Shrine of Nuestra
Señora del Valle.*

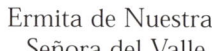 El Arte y la Historia / The Art and the History

Ermita de la
Virgen de la Estrella.

*Shrine of La Virgen
de la Estrella.*

Diferentes aspectos de la Sinagoga de Samuel Leví
o del Tránsito, actual Museo Sefardí.

*Different views of the Synagogue of Samuel Leví
or El Tránsito, now the Sefardí Museum.*

Página de al lado:
interior de la sinagoga
de Santa María la Blanca.

*Opposite page: interior of the
synagogue of Santa María la Blanca.*

Vistas exterior e interior
de la mezquita del Cristo de la Luz.
*Exterior and interior views
of the Mosque of Cristo de la Luz.*

Página de al lado: interior
de la mezquita de las Tornerías.
*Opposite page: interior
of the Mosque of Las Tornerías.*

Torre de la iglesia de Santo Tomé.

Tower of the church of Santo Tomé.

Artesonado de la primera nave de la iglesia
del convento de Santa Clara la Real.

*Coffered ceiling of the church
of the convent of Santa Clara la Real.*

Página de al lado:
Salón de Mesa, sede de la Real
Academia de Bellas Artes y Ciencias
Históricas de Toledo.

*Opposite page: Table Room, seat of
the Royal Academy of Fine Arts and
Historical Sciences of Toledo.*

Ábside de la iglesia de San Bartolomé.

Apse of the church of San Bartolomé.

Panel de azulejos de arista
del Museo del Taller del Moro.

*Panel of arris tiling in the Museum
of El Taller del Moro.*

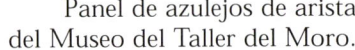

Vano geminado con yeserías y batientes mudéjares de la entrada a la Sala Capitular, en el Claustro de los Naranjos del convento de Santa Clara la Real.

Double opening with plasterwork and Mudejar frames of the entrance to the Chapter House in the Cloister of Los Naranjos in the Convent of Santa Clara la Real.

Página de al lado: enterramientos en la Capilla de los Franco, en la iglesia del convento de Concepcionistas Franciscanas.

Opposite page: tombs in the Chapel of the Franco family, in the church of the Convent of Concepcionistas Franciscanas.

Taujel que cubre la Sacristía de la iglesia del convento de Santa Úrsula.

Batten covering the sacristy of the church of the Convent of Santa Úrsula.

Paisajes

Izquierda: Cobertizo de Santo Domingo el Real.
Página de al lado: Escudo en el palacio
de los Condes de Cedillo.

Left: chapel of Santo Domingo el Real.
Opposite page, coat of arms in the palace
of the Count of Cedillo.

de una ciudad

Town Landscapes

*Above left, Calle Agustín Moreto.
Right and opposite page,
Calle Alfileritos.*

Arriba izquierda, calle Agustín Moreto. A la
derecha y en la página de al lado, calle Alfileritos.

Al lado, casa en el Callejón de San Ginés. Debajo, dos vistas de la calle de Samuel Leví. Página de al lado: elementos constructivos en la entrada de la Casa-Museo de El Greco.

Left, house in Callejón de San Ginés. Below, two views of Calle de Samuel Leví. Opposite page: building elements in the entrance of the House-Museum of El Greco.

Miradores con balcones de la calle de la Plata.

Balcony viewpoints in Calle de la Plata.

En la página de al lado, calle Tornerías (foto superior) y dos vistas de la calle de la Campana.

Opposite page, Calle Tornerías (top photo) and two views of Calle de la Campana.

Arriba, plaza de Santo
Domingo el Real.
*Above, Plaza de Santo
Domingo el Real.*

Plaza Mayor
con el Teatro
de Rojas al fondo.
*Plaza Mayor, with the Rojas
Theatre in the background.*

Extremo derecho, terrazas
en la plaza de Zocodover.
*Far right, terraces
in the Plaza de Zocodover.*

El Arte y la Historia / The Art and the History •

Portada de la Casa del Maestro.

Front of the Casa del Maestro.

Vista general de los barrios de la
Antequeruela y las Covachuelas.

*General view of the quarters of La
Antequeruela and Las Covachuelas.*

El Arte y la Historia / The Art and the History

Detalle de la portada
de la Posada de la Hermandad.

View of the main front of the
Posada de la Hermandad.

Portada del palacio
de los Condes de Cedillo.

*Main front of the Palace
of the Counts of Cedillo.*

Portada del Colegio de Infantes.
Main front of the Infantes College.

Patio de la Casa de la Moneda.
Patio of the Casa de la Moneda.

Patio en una casa
de la calle de las Bulas.

*Patio of a house
in Calle de las Bulas.*

Patio de la Demandadera
del convento de las Capuchinas.

*Patio of La Demandadera
of the Capuchin convent.*

Patio de una casa de la calle de la
Merced, con yeserías mudéjares.

*Patio of a house in Calle de la
Merced, with Mudejar plasterwork.*

Página
de al lado:
Cobertizo de
Santa Clara.

*Opposite page:
Cobertizo of
Santa Clara.*

Top left, chapel of Santa Isabel. Top right, cobertizo *of Santo Domingo el Real. Bottom left,* cobertizo *of the College of Doncellas.*

Arriba izquierda, cobertizo de Santa Isabel. Arriba derecha, cobertizo de Santo Domingo el Real. Abajo izquierda, cobertizo del Colegio de Doncellas.

Plaza de las
Cuatro Calles.

*Plaza de las
Cuatro Calles.*

Mercadillo del «Martes».

The Tuesday Market.

De Arte,

Izquierda, *San Agustín,* obra de El Greco
en el Museo de Santa Cruz.
Página de la derecha, sepulcro del cardenal
Tavera, obra de Alonso Berruguete en la iglesia
del Hospital Tavera.

Left, San Agustín, *by El Greco, in the Santa
Cruz Museum. Opposite page, sepulchre of
Cardinal Tavera, by Alonso Berruguete in the
church of the Tavera Hospital.*

Saber y Caridad

Art, Knowledge and Charity

En la doble página anterior dos obras de El Greco: Izquierda, *El entierro del Conde de Orgaz* en la iglesia de Santo Tomé; a la derecha, *El Expolio,* en la Sacristía de la Catedral.

Previous double page, two works by El Greco: left, The Burial of Count Orgaz *in the church of Santo Tomé; right,* The Spoliation, *in the sacristy of the Cathedral.*

Tres obras de El Greco: *La Asunción,* en el Museo de Santa Cruz; *Bautismo de Cristo,* en el Hospital Tavera; y *San José con el Niño,* en la capilla de San José.

Three works by El Greco: The Assumption, *in the Santa Cruz Museum;* The Baptism of Christ, *in the Tavera Hospital; and* St. Joseph and Child, *in the chapel of San José.*

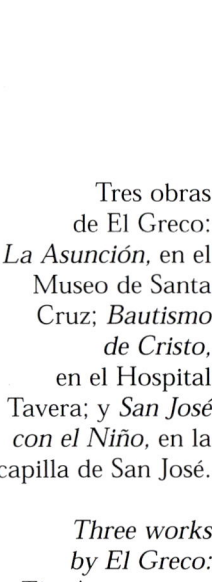

Doble página anterior:
Detalle de *Vista y plano de Toledo,* en la Casa-Museo de El Greco.

Previous double page: View and plan of Toledo *in the House-Museum of El Greco.*

Cristo resucitado.
Escultura de El Greco en el Hospital Tavera.

Resurrected Christ. Sculpture by El Greco in the Tavera Hospital.

Retablo Mayor de la iglesia del convento de Santo Domingo el Antiguo, con obras de El Greco.

Main altarpiece of the church of the convent of Santo Domingo el Antiguo, with works by El Greco.

Página de al lado,
Mujer barbuda de José de Ribera.

Opposite page, Bearded Woman *by José de Ribera in the Tavera Hospital.*

EN MAGNV NATVRA
MIRACVLVM

MAGDALENA VENTVRA EX
OPPIDO ACVMVLI APVD
SAMNITES VVLGO EL
BRVZZO REGNI NEAPOLI
TANI ANNORVM 52 ET
QVOD INSOLENS IIE...
VVM 37 AGREE E...
...SSET INCIPIT
...PRO
...

ALIGNIVS PRO...
...VIDER...
IPERSONE...
ANTIN...
VIRO AO...
QVEM ADEST VLTRO...
PVTIO...

...SETEVS DE HIERA
...RRES CHRISTO GAT...
...DOLETTEN ANNO...

Tinaja mudéjar
en el Museo Taller
del Moro.

*Large Mudéjar
earthenware Jar in the
Workshop Museum
of El Moro.*

Página de al lado:
Interior del Museo
de los Concilios
y de la Cultura
Visigoda.

*Opposite page:
Interior of the
Museum of the
Councils and
Visigoth Culture.*

Abajo, exterior del Museo Taller del Moro.

Bottom, exterior of the Workshop Museum of El Moro.

El Arte y la Historia / The Art and the History

Trascoro del convento
de Santo Domingo
el Antiguo, actualmente
museo.

Retrochoir of the
convent of Santo
Domingo el Antiguo,
currently a museum.

Mujer Toledana
de Alberto Sánchez,
en el Museo de Arte
Contemporáneo.

Woman of Toledo
by Alberto Sánchez,
in the Museum of
Contemporary Art.

Mirador en la Roca Tarpeya,
con una obra de Victorio Macho,
sobre el Tajo.

Vantage point at Roca Tarpeya,
with a work by Victorio Macho,
on the Tajo.

Museo Victorio Macho. Arriba, *Eva de América,* busto del *Monumento a Grau* y *La Gloria.*
Abajo, bustos en el interior del Museo.

Victorio Macho Museum. Top, Eva de América, *bust of the* Monument to Grau
and La Gloria. *Bottom, busts inside the museum.*

Fachada del Hospital Tavera.

Façade of the Tavera Hospital.

Hospital Tavera.
Exterior con sus ábsides (arriba)
y patio (derecha).

*Tavera Hospital. Exterior with apses
(above) and patio (right).*

Diferentes aspectos
del Museo de Santa Cruz.
Vista del museo
en su entorno (arriba
izquierda); fachada (abajo)
y escalera de Covarrubias
(arriba derecha).

*Different views of the Santa
Cruz Museum. View of the
museum in its surroundings
(top left); façade (below)
and staircase of Covarrubias
(above right).*

Fachada del
Hospital
del Nuncio.

*Façade of the Hospital
of El Nuncio.*

Patio del Colegio
de Doncellas Nobles.

*Patio of the College
of Doncellas Nobles.*

Patio y fachada
del Palacio Universitario
de Lorenzana.

*Patio and façade of the University
Palace of Lorenzana.*

Zona superior
de la Puerta Llana de
la Catedral de Toledo.

*Top area of the Puerta
Llana of the Cathedral
of Toledo.*

Claustro de San Pedro Mártir,
sede de la Universidad
de Castilla-La Mancha.
Cloister of San Pedro Mártir,
seat to the University
of Castilla-La Mancha.

Biblioteca en el Claustro de los
Naranjos (al lado) y Teatrillo de
San Pedro Mártir (extremo
superior derecho).
Library in the Cloister
of Los Naranjos (right) and theatre
of San Pedro Mártir
(opposite page, top right).

Extremo inferior derecho: Edificio
Sabatini de la Fábrica de Armas.
Opposite page, bottom right:
the Sabatini Building in the Arms factory.

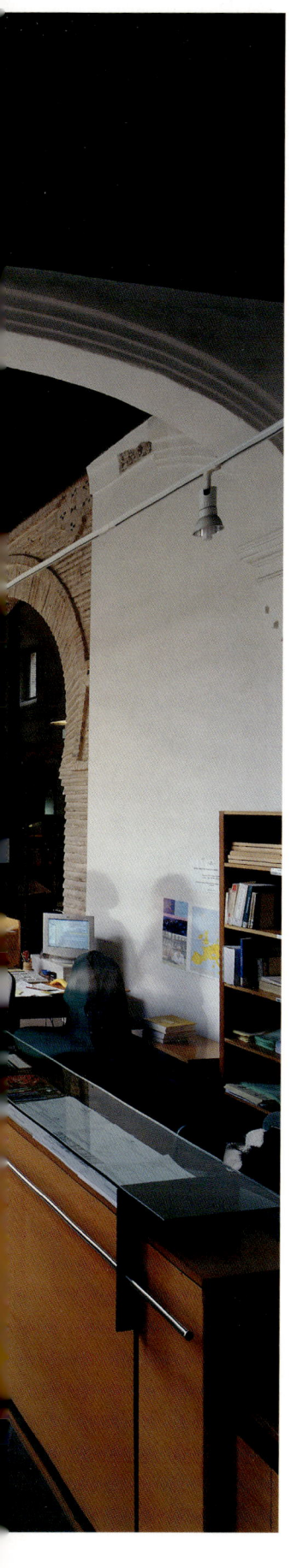

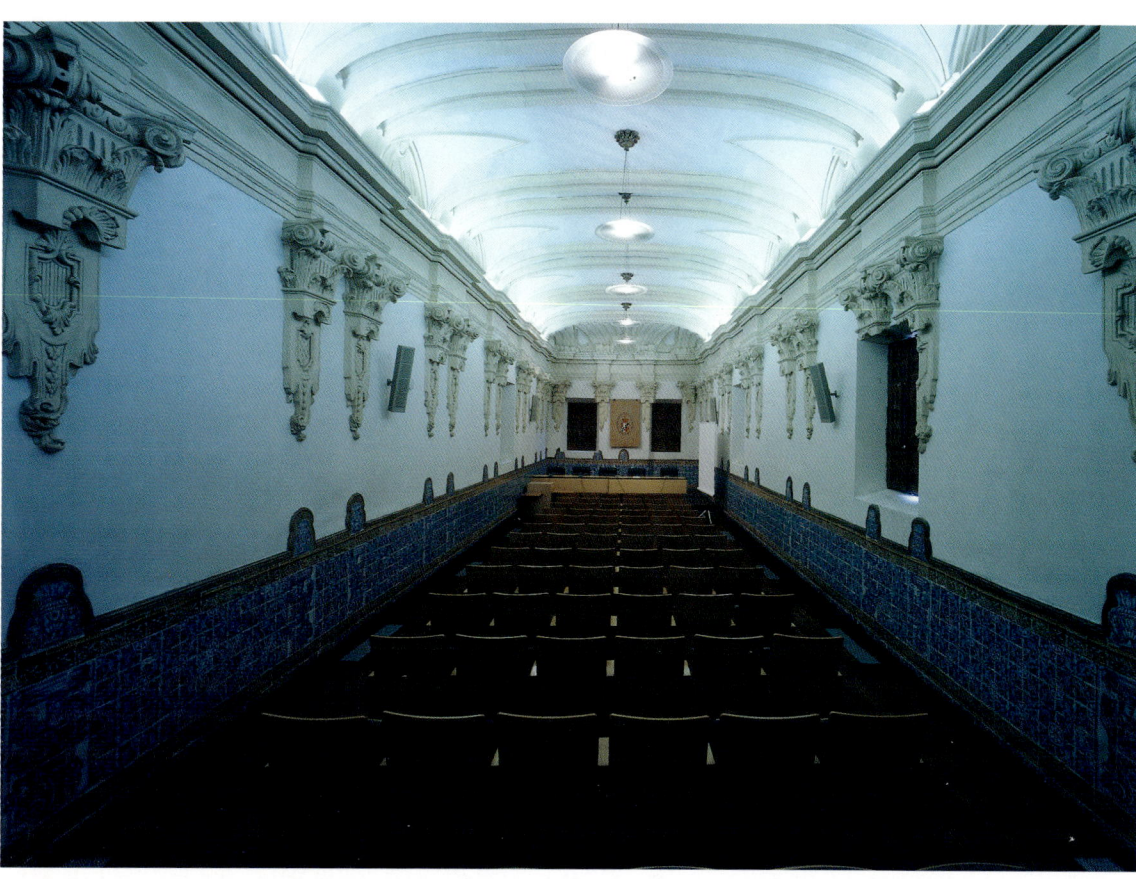

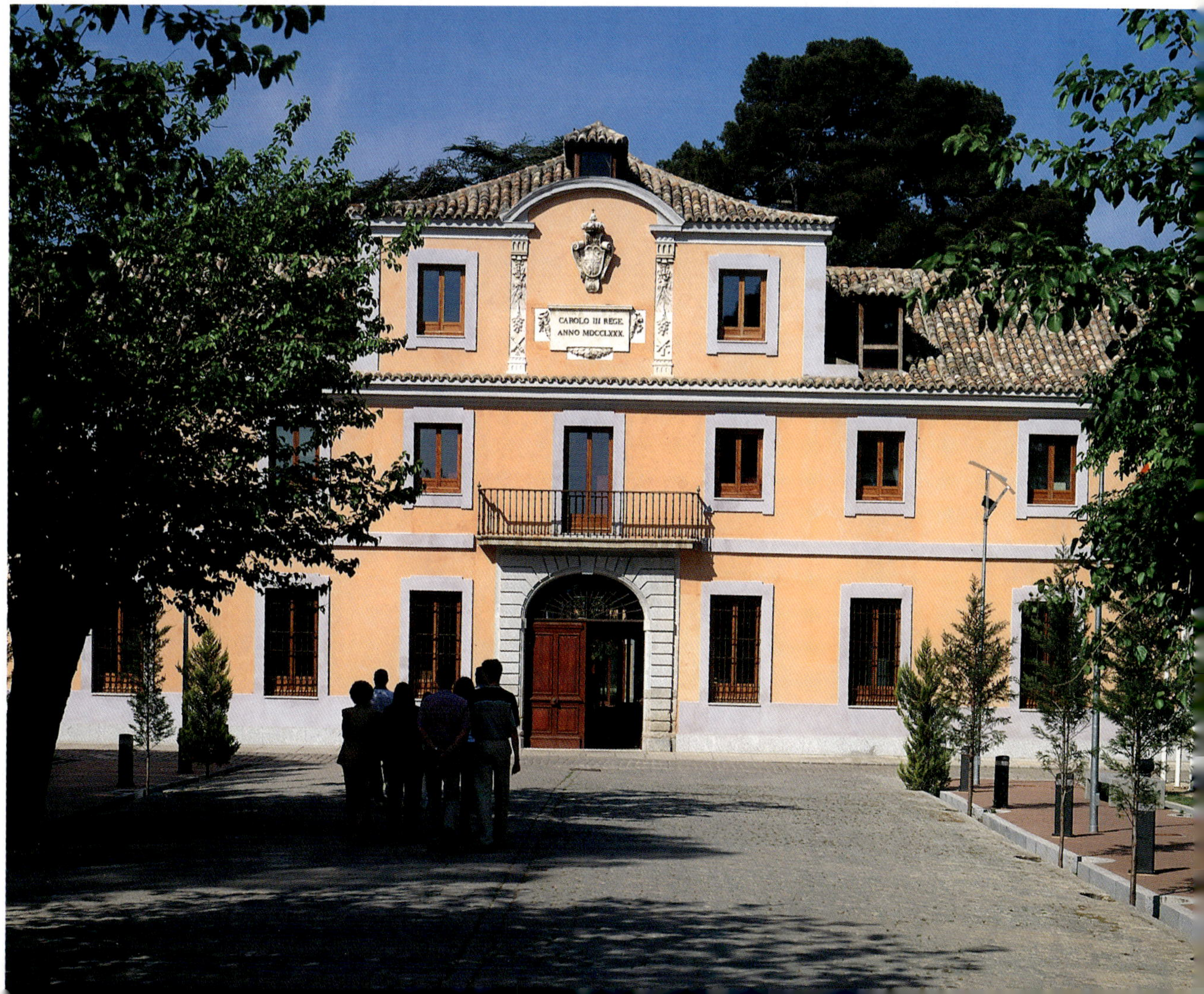
CAROLO III REGE
ANNO MDCCLXXX

LA FIESTA, EL TRABAJO Y LA COSTUMBRE

Festival, Work and Tradition

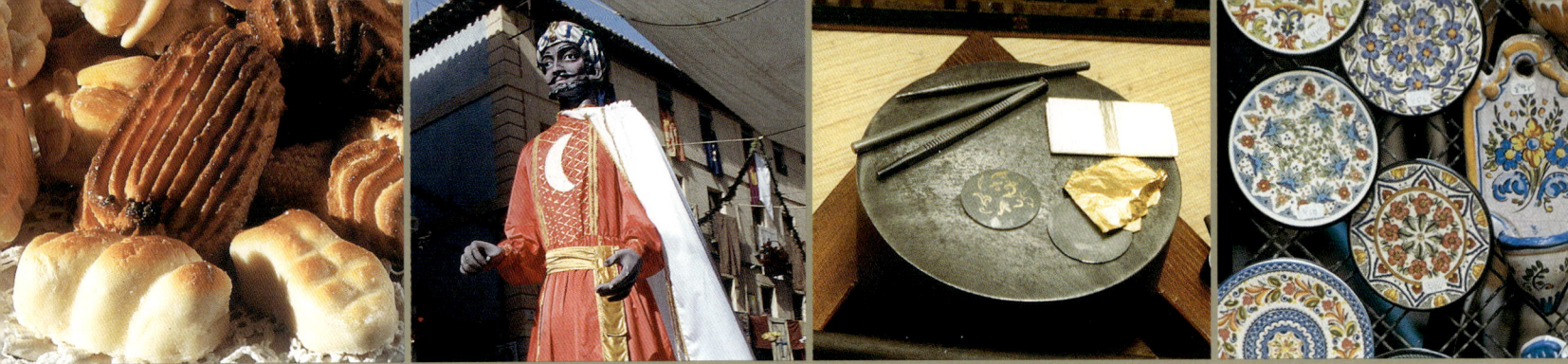

La Fiesta, el Trabajo y la Costumbre

Hablar de fiesta en Toledo es hablar del Corpus. Con el día del Corpus, la ciudad se transmuta, se renueva, se universaliza, se engalana hasta el exceso para ofrecer un cúmulo de sensaciones y emociones a los sentidos de propios y extraños. La procesión es en realidad el resumen de todo: tarasca, cofradías, incienso, toldos, timbaleros, patios, romero, cohetes, mangas, seises, terciopelos, flores, maceros, estandartes, mantones, cruces, mantillas, colgaduras, autoridades, uniformes, campanillas, pertiguero, tomillo, capas, gigantones, sillas, gorgueras, sacerdotes, música, tapices, lluvia de pétalos, el arzobispo... y la Custodia. Asombrosa y monumental filigrana de oro y plata creada por el genio de Enrique de Arfe de 1517 a 1524 y que todas las primaveras, en fecha cambiante de mediados de mayo a principios de junio, recorre las calles de una urbe que sueña con revivir pretéritas solemnidades, como si nada hubiera pasado desde ese siglo XV en el que arraiga definitivamente en el creer y en el sentir de los toledanos la conmemoración de ese «jueves en el año que reluce más que el sol» (ahora domingo, el signo de los tiempos).

Bien distintos son los días de la Semana Santa, con unas procesiones muy sencillas en sus pasos, en los integrantes de sus quince cofradías penitenciales y en su mismo desarrollo. Procesiones, muchas de ellas de madrugada, que discurren por las tortuosas calles del casco histórico, por los estrechos cobertizos o por el interior de la misma catedral, con silencio, con sencillez, con solemnidad y se diría que hasta con un buscado punto de misterio, factores todos ellos que hacen de la Semana Santa toledana el contrapunto a la explosión colorista del Corpus y las romerías.

Y si de fiesta y de participación hablamos, la romería del Valle. El primer día del mes de mayo, los toledanos, amantes convictos y confesos de sus moradas como pocos, parecen querer huir de ellas y de sí mismos, cruzan el río y hacen fiesta, la fiesta, a base de pasear, comprar, comer y contemplar su ciudad desde la más favorecida de las cuatro ermitas que orlan y ornan el Tajo. La Bastida, la Guía, la Cabeza y el Valle: se diría que las cuatro vírgenes –dos de ellas blancas, las otras dos morenas– compiten por lograr el favor y el fervor de una ciudad de decidida vocación mariana; pero es la Virgen del Valle la predilecta y la que mueve a una competición incruenta, en la que miles de personas pugnan por ocupar cada roca, cada arbusto, cada hueco medianamente practicable en torno al que pasar una noche «al raso» en una celebración ya mucho más profana que sagrada y casi siempre simple excusa para salir de la amada casa, para usar la entrañable barca de pasaje, para subir a la peña del Rey Moro o para tocar el estridente campanillo de la ermita.

Gentes de Toledo, del Toledo de siempre, que buscan un futuro, su futuro, entre tanta historia y tanto arte, que resisten y que siguen habitando su amada ciudad a pesar de todas las dificultades y todos los problemas que plantea la ciudad histórica, que hoy vive sobre todo y ante todo de los miles de visitantes que la vivifican. A estos visitantes, Toledo dedica lo mejor de sí y de sus gentes, que les ofrecen como presente su tradición y el buen hacer de unos trabajos delicados y estrictamente manuales: la artesanía. La artesanía del oro y la plata que se incrustan con increíble maestría sobre una base metálica (el damasquinado); la del duro acero que surge rotundo del fuego

de la fragua y del golpe experto del martillo sobre el yunque (la espadería); o la de la arcilla que se une al agua para pasar después por un horno que las amalgama creando arte (la cerámica). Y otras muchas (los bordados, la forja, los muebles), tantas como materiales que trabajar y transformar, y en los que plasmar la sabiduría que sólo dan los siglos y los secretos de oficios tan antiguos como el hombre mismo.

Y la comida. Pocos placeres hay tan personales, tan íntimos, tan profundos como los que nos puede ofrecer una buena comida, y en esto Toledo ofrece con generosidad y cuidada elaboración los productos de los campos y los montes que le son cercanos: los cada día mejores vinos de La Mancha, de Méntrida o de Noblejas; los afrutados aceites de oliva serranos de los Montes, de la Jara o de la zona de Mora; los inigualables quesos manchegos, elaborados con la leche de ovejas apreciadas en el mundo entero; los platos o embutidos de caza mayor (el venado, el jabalí, el corzo) y de caza menor (la perdiz, la liebre, el conejo); y de postre, el mazapán. Se trata de un dulce navideño que ya se come todo el año, y de una elaboración tan sencilla (mezcla de almendra molida y azúcar a partes iguales, horneada durante unos minutos) que hace olvidar la multiplicidad de matices que tiene su inigualable y delicado sabor, en el que se disputan la primacía los maestros artesanos de los obradores tradicionales y las monjas de conventos de clausura que han recuperado su elaboración en los últimos años.

Festival, Work and Tradition

To speak of festivities in Toledo is to speak of Corpus Christi. On Corpus Christi, the town is transformed, renewed, universalised and decorated to excess to offer an accumulation of feelings and emotions for visitors and townsfolk alike. The procession is in fact the summary of it all: carnival dragon, brotherhoods, incense, canopies, drummers, patios, pilgrimage, fireworks, crucifix covers, *seises* (a traditional dance), velvet, flowers, macebearers, standards, shawls, crucifixes, mantillas, drapes, authorities, uniforms, bells, verger, thyme, capes, giants, chairs, ruffs, priests, music, tapestries, falling flower petals, the archbishop... and the Monstrance, an amazing monumental filigree of gold and silver created by the genius of Enrique de Arfe from 1517 to 1524, which every spring on a changing date from between mid-May to the beginning of June travels the streets of a town that dreams of reliving past solemnities, as if nothing had happened since the 15th century, when the commemoration of that "Thursday of the year when the sun shines strongest" (now a Sunday - a sign of the times) took its definitive root in the faith and feeling of the people of Toledo.

Very different are the days of Holy Week, with processions that involve simple processional statues, the members of its fifteen penitential brotherhoods and its very development. Many of the processions take place in the early morning, before dawn, and travel along the winding streets of the historical quarter, through the narrow *cobertizos* or the inside of the cathedral itself, shrouded in silence, simplicity, solemnity and it might even be said with a certain touch of mystery. All of these factors make the Holy Week of Toledo the counterpoint to the colourful explosion of the Corpus Christi and the pilgrimages.

And if we are to speak of festivities and participation, then we must mention the pilgrimage of El Valle. On the first of May, the people of Toledo, lovers of their homes like few others, seem to flee from their residences and their very selves; they cross the river and have a festival, the festival, walking, shopping, eating and contemplating their town from the favourite of the four shrines that stand along the River Tajo: La Bastida, La Guía, La Cabeza and El Valle. It might be said that the four Madonnas – two white and two black – compete for the favour and fervour of a town that is openly devoted to the worship of Our Lady. However, the favourite is Our Lady of El Valle, causing a bloodless competition in which thousands of people fight to take up each rock, each bush, each half-usable space where they might spend a night under the stars amidst a celebration that is far more pagan than sacred, and in almost all cases simply an excuse for getting out of the beloved house to ride the charming passage boat, climb up the crag of El Rey Moro or to toll the loud bell of the shrine.

People of Toledo, of the Toledo of old, in search of their future, a future that lies among so much history and art; people who resist and continue to live in their beloved town in spite of all the difficulties and problems posed by the historical town, which today lives first and foremost thanks to the thousands of visitors that bring it to life. Toledo dedicates the best of itself and its people to these visitors, offering them the gift of their tradition and the craft that is both delicate and strictly handmade. The gold and silver craftwork that is incrusted with incredible skill on a metal base (the damascene); the working of hard steel which is the result of the fire of the forge and the expert blows of the hammer on the anvil (swordsmithery); or the clay, which mixes with water to form an amalgam that comes out of the oven to create art (pottery). And there are many others (embroidery, the forge, furniture), as many crafts as there are materials to be worked and transformed, in which to materialise the know-how given only by the centuries and the secrets of trades that are as old as man himself.

And food. Few pleasures are so personal, so intimate, so profound as those offered by a good meal, and in this respect, Toledo generously offers a careful preparation of the products of its nearby fields and mountain ranges: the ever-improving wines of La Mancha, Méntrida or Noblejas; the fruity olive oils of the mountain ranges, La Jara or the area of Mora; the unbeatable Manchego cheeses, made with sheep's milk and appreciated throughout the world; the dishes or cold meats made from large game (venison, wild boar, deer) and small game (partridge, hare and rabbit); and for dessert, marzipan. This former Christmas sweet is now eaten all year round and is so simple to make (a mixture of ground almonds and sugar in equal amounts, and then baked in the oven for a few minutes) that it is easy to forget the numerous nuances of its unequalled and delicate taste, in which the master bakers of the traditional bakeries and the nuns of the enclosure convent, who, in recent years, have once again begun to make it, struggle for supremacy.

Detalle del viril de la Custodia de la Catedral de Toledo.

View of the central part of the Monstrance of the Cathedral of Toledo.

La Fiesta, el Trabajo y la Costumbre / Festival, Work and Tradition

La Custodia
saliendo por la
Puerta Llana.

*The Monstrance
on its way out of
the Puerta Llana.*

Los tapices colgados en los muros
de la Catedral el día del Corpus.

*The hanging tapestries on the
walls of the Cathedral on the
Feast Day of Corpus Christi.*

Los Seises.
The Seises.

Calle con toldos en la fiesta
del Corpus (al lado)
y Caballeros del Corpus Christi
en la procesión (derecha).
En la doble página siguiente,
la plaza de Zocodover adornada
para el Corpus.

*Street with canopies on the feast
day of Corpus Christi (to the side)
and Knights of Corpus Christi in
the procession (right). Following
double page, Plaza de Zocodover
decorated for Corpus Christi.*

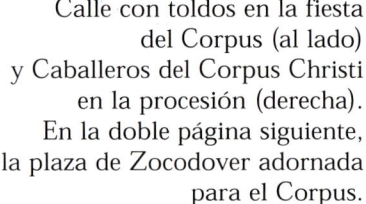

La Fiesta, el Trabajo y la Costumbre / Festival, Work and Tradition

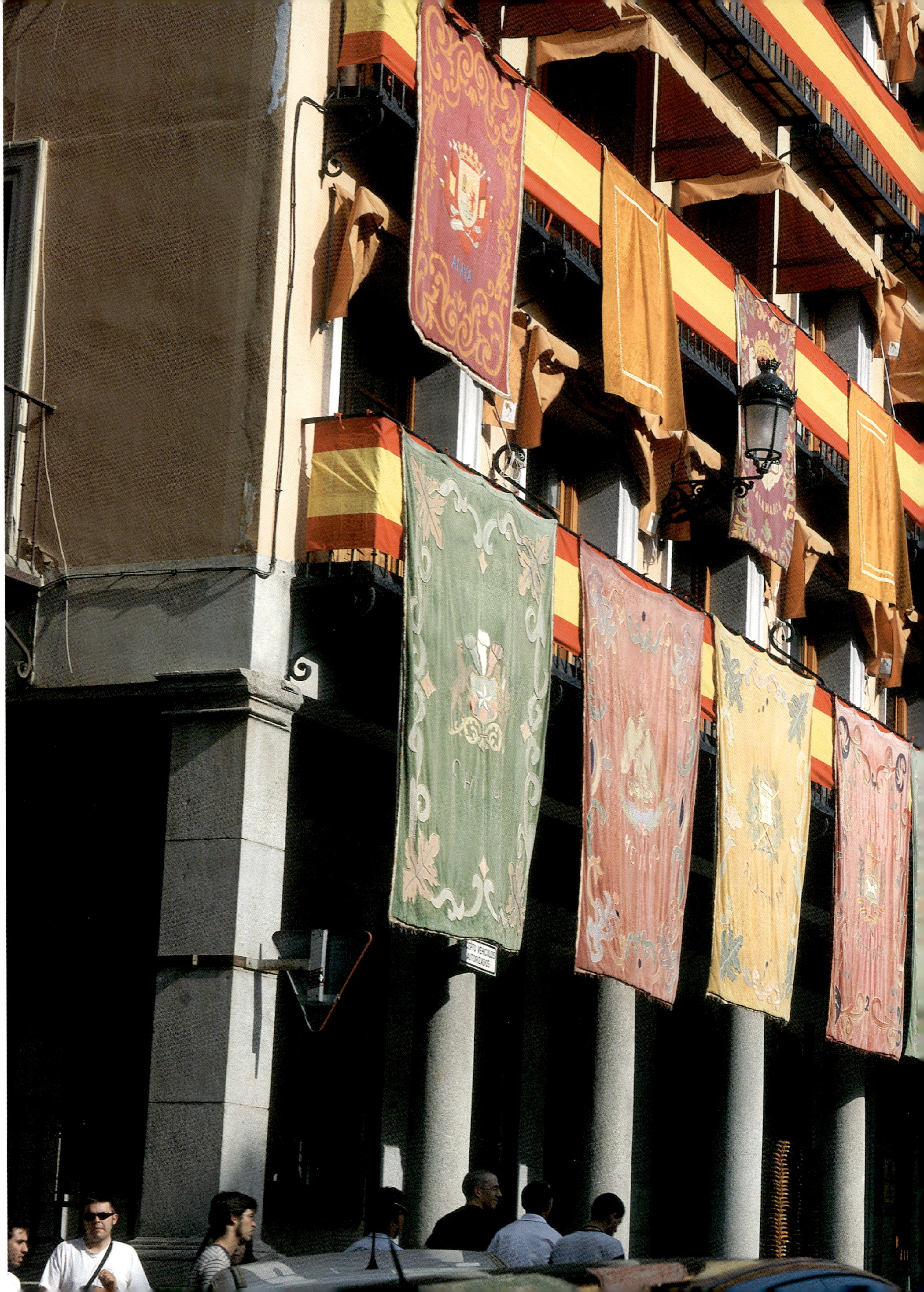

La Fiesta, el Trabajo y la Costumbre / Festival, Work and Tradition

Salida de la Catedral de
la procesión del
Domingo de Ramos
(arriba).
Colas para ver
*El entierro del Conde
de Orgaz* de El Greco
(abajo derecha).

*The Palm Sunday
procession as it leaves
the Cathedral (above)
and queues to see
The Burial of Count
Orgaz by El Greco
(bottom right).*

En la página de al lado,
«Gigantones» desfilando
el día del Corpus.

*Opposite page,
"Giants" in parade
on Corpus Christi.*

La Fiesta, el Trabajo y la Costumbre / Festival, Work and Tradition

En la página de al lado,
terraza de un café
en la plaza del Consistorio,
con la Catedral al fondo.
En esta página, el damasquinado:
el artesano y sus herramientas.

*Opposite page, terrace
of a cafeteria in the City Hall
square, with the Cathedral in the
background. On this page,
the damascene: the craftsman
and his tools.*

Al lado, tienda
de armaduras y espadas.
Abajo, labores
de damasquinado
en un escaparate.

En la página de al lado,
el arte del metal
y la cerámica (arriba)
y vista de una calle comercial
junto a la Catedral (abajo).

*Left, shop selling swords and suits
of armour. Below, damascene work
in a shop window.*

*Opposite page, the art of metal
and ceramics (above) and a view
of a commercial street next
to the Cathedral (below).*

La Fiesta, el Trabajo y la Costumbre / Festival, Work and Tradition ●

En esta página, quesos
y vinos de la región.
En la página de al
lado, perdiz al estilo
toledano (arriba) y el
típico mazapán
(abajo).

This page, regional cheeses
and wines. Opposite page,
Toledo-style partridge
(above)and the typical
marzipan cakes (below).

Arriba, bodegón de productos típicos alimenticios toledanos. Al lado, dos platos de la cocina local: arriba, venado y, abajo, carcamusas.

Top, selection of typical Toledo products. Opposite page, two dishes of local cuisine: above, game and, below, carcamusas.

TOLEDO DESPUÉS DE TOLEDO

Toledo after Toledo

Toledo después de Toledo

Después de las muchas destrucciones sufridas como consecuencia de la ocupación de la ciudad en la Guerra de la Independencia (1808-1814) y de la desamortización de los bienes eclesiásticos (1835), y al contrario de lo que ocurrirá con otras muchas capitales españolas, la posterior llegada del ferrocarril, el desarrollo y mejora de las infraestructuras básicas, la construcción de algunos significativos edificios y los tímidos ensanches urbanos que se produjeron en la segunda mitad del siglo XIX, no serán razones suficientes para producir en Toledo la demolición de sus históricas murallas. Al contrario: a finales de la centuria, la creciente conciencia de habitar en una ciudad turística, lugar de deseo para miles de viajeros de todo el mundo, arraigó definitivamente en sus pobladores la idea de la necesidad de conservar todo aquello que la hacía diferente a los ojos del visitante y, a pesar de todos los problemas que ello acarreaba, la apacible vida cotidiana y provinciana continuará desarrollándose intramuros en su casi totalidad.

Hay que esperar a que una época trágica y convulsa, la Guerra Civil de 1936-1939, acabe con este orden de cosas. Acabada la contienda fratricida, se plantea por vez primera una expansión ordenada más allá del corsé pétreo que suponían las murallas. A fines de la década de los cuarenta, las necesidades de vivienda de los numerosos militares que llegan a vivir en los acuartelamientos radicados en la ciudad, hacen que se planifique y ordene un nuevo barrio «junto a Toledo», pero ya fuera del casco histórico, trazándose para ello una gran avenida de la Reconquista con bloques residenciales que vendrá a suponer en la práctica una auténtica vía de escape hacia el norte: la sucesiva creación de otros barrios (Palomarejos, Santa Teresa, Buenavista) no será sino la continuación lógica de la expansión urbanística que se inicia en esta posguerra.

También será pronto rebasada la otrora infranqueable barrera que suponía el río hacia el este, primero con el barrio que se arracima en el entorno inmediato a la estación de ferrocarril y el Paseo de la Rosa (Santa Bárbara), y más tarde con el que surge en las inmediaciones del polígono creado en los años cincuenta para concentrar las empresas que desde entonces empezaron a radicarse en Toledo (Santa María de Benquerencia).

Con todo esto se entra en el último cuarto del siglo XX en una situación paradójica: Toledo es admirada en todo el mundo y es destino habitual para el turismo cultural, al que ofrece generosa uno de los cascos históricos más grande de Europa y en un bastante aceptable estado de conservación; pero, al tiempo, es una ciudad carente de los más elementales servicios públicos, que presenta un acelerado proceso de despoblamiento y, además, cuenta con una población muy envejecida. Junto a esta ciudad «del ayer», la del casco histórico, la que se quedó anclada en el siglo XIX, ya se había desarrollado una ciudad «moderna», que aparecía dispersa y desestructurada por la mala planificación y las difíciles condiciones del terreno, y, por si eso fuera poco, con una arquitectura de muy escasa calidad en general.

A finales de 1983 se va a producir un hecho trascendental: Toledo se convierte en capital de la Comunidad Autónoma de Castilla-La Mancha, a lo que viene a unirse poco después la ubicación de varios centros de la Universidad regional y su reconocimiento como Ciudad Patrimonio de la Humanidad. A partir de entonces se acentúa más si cabe su función de ciudad administrativa y de servicios, y serán muchos los inmuebles abandonados en el casco histórico que serán rehabilitados para dar respuesta a las nuevas necesidades, aunque esto no vaya a servir en última instancia para detener ese proceso de despoblación iniciado tiempo atrás. Pero, a la vez, la progresiva mejora de las comunicaciones y las infraestructuras, la modernización del tejido industrial y un cierto mayor interés de las diferentes administraciones por la calidad y la estética en las nuevas construcciones, permitirán paliar parte de los defectos y carencias generados en décadas anteriores.

Hoy Toledo sigue contando con un activo tan importante como su historia y su colosal patrimonio, pero ahora su reconocida condición de ciudad-museo no le impide sentirse comprometida con un presente, no por apasionante, exento de incertidumbres y problemas. En resumidas cuentas, y después de tanto pasado, Toledo se enfrenta, por fin, a su futuro.

Toledo after Toledo

After the many destructions which occurred as a consequence of the occupation of the town during the War of Independence (1808-1814) and the disentailment of church property (1835), and contrary to what happened with many other Spanish capitals, the later arrival of the railroad, the development and improvement of basic infrastructures, the construction of certain significant buildings and the half-hearted urban extensions that took place during the second half of the 19th century were not sufficient reason for the historic town walls of Toledo to be demolished. To the contrary: at the end of the century, the growing awareness of living in a tourist town, a place that thousands of travellers all over the world wished to visit, made its inhabitants definitively aware of the need for conserving everything that made it different in the eyes of the visitor and, despite all the problems this involved, the peaceful everyday provincial life within the town walls remained intact.

It was not until the coming of a tragic and convulsive period, the Civil War of 1936-1939, that this peace came to an end. With the fratricidal fight over, town planning ventured for the first time beyond the stone corset of the town walls. At the end of the forties, the housing needs of the many soldiers who came to live in the barracks located in the town brought about the planning and design of a new quarter "next to Toledo" but outside its historical quarter, including a large avenue called Avenida de la Reconquista lined with residential blocks, which was to become an authentic escape route north: the successive creation of other quarters (Palomarejos, Santa Teresa, Buenavista) was the mere logical continuation of the urban expansion that began in the post-war period.

The river, which was the other impassable barrier to the east, was also soon to be overcome, firstly with the quarter that was grouped around the immediate surroundings of the railway station and Paseo de la Rosa (Santa Bárbara), and later with that which appeared near the estate that was created during the fifties to bring together the businesses which from that moment on began to be established in Toledo (Santa María de Benquerencia).

All this brings us to the last quarter of the 20th century in a situation that is a paradox: Toledo is admired throughout the world and is a common destination for cultural tourism, which is generously presented with one of the largest historical quarters in Europe and one that is in a very acceptable state of conservation. However, at the same time, the town lacks the most elemental of public services and is caught up in an increasingly fast process of depopulation, as well as having an aging population. Next to this town of yesteryear, the town of the historical quarter, and the town which stopped evolving back in the 19th century, a modern town had developed. Disperse and lacking in structure as a result of the bad planning and the difficult conditions of the terrain, it also presented an architecture that was of generally low quality.

The end of 1983 saw a transcendental event: Toledo became the capital of the Autonomous Region of Castilla-La Mancha. This was soon joined by the location of several centres belonging to the regional university and the town being declared to be of World Heritage. From that moment on, its role as an administrative town of services was increased, and many of the abandoned buildings in the historical quarter were refurbished to satisfy new demands. However, this did not stop the depopulation process that had begun time before. But, at the same time, the progressive improvement of communications and infrastructures, the modernisation of the industrial fabric and a certain increased interest of the different administrations in the quality and appearance of the new constructions were to compensate part of the defects and needs brought about during earlier decades.

Today, the history and monumental patrimony of Toledo is still an important asset, but now its recognised condition of town-museum does not prevent its commitment to a present which, although exciting, is not free from uncertainties and problems. In short, after leaving behind such a large history, Toledo finally looks to its future.

Exterior e interior de la Plaza de Toros (arriba).
Fachada del Teatro de Rojas (abajo izquierda).
Estación de Ferrocarril (arriba derecha).
Escuela de Arte (página de al lado).

Two views of the bullring (top).
Façade of the Rojas Theatre (bottom left).
Railway Station (top right).
Art School (opposite page).

En esta página, diferentes aspectos
del Parque de las Tres Culturas
(izquierda) y de los jardines del
Tránsito (arriba derecha). En la
página de al lado: arriba, Parque
Escolar y Plaza de San Marcos;
abajo, los «nuevos barrios» al norte
de la ciudad: Reconquista, Santa
Teresa, Palomarejos, Avenida de
Europa y Buenavista.

*This page, different views of the Tres
Culturas Park (left) and the Gardens
of El Tránsito (top right). Opposite
page: top, Escolar Park and Plaza
de San Marcos; bottom, the
"new quarters" to the north
of the city: Reconquista, Santa Teresa,
Palomarejos, Avenida de Europa
and Buenavista.*

Vistas de la Consejería de Industria y Trabajo
(arriba izquierda), la fachada de la piscina cubierta
del Polígono Residencial (abajo izquierda)
y la Consejería de Agricultura (centro).

En el extremo derecho, de arriba abajo,
dos edificios del Polígono Residencial.

Views of the Ministry of Industry and Work (top left), the front of the indoor swimming pool of the Residential Estate (bottom left) and the Ministry of Agriculture (centre).

Far right, top to bottom, two buildings of the Residential Estate.

Edificio de la Caja Rural de Toledo
(arriba), escaleras mecánicas de acceso al
casco histórico (al·lado) y sala de
investigadores del Archivo Municipal
(página de al lado).

*Caja Rural de Toledo building (above),
access escalator to the historical quarter
(left) and research room in the Municipal
Archive (opposite page).*

ÍNDICE
Index